经济管理学术文库·经济类

循环经济的协同效应研究

Study on Synergistic Effect of the Circular Economy

刘建翠 / 著

图书在版编目（CIP）数据

循环经济的协同效应研究/刘建翠著. —北京：经济管理出版社，2014.12
ISBN 978-7-5096-3625-1

Ⅰ.①循… Ⅱ.①刘… Ⅲ.①自然资源—资源利用—协同效应—研究 Ⅳ.①F062.1

中国版本图书馆 CIP 数据核字（2015）第 039452 号

组稿编辑：张永美
责任编辑：张永美　高　娅
责任印制：司东翔
责任校对：赵天宇

出版发行：经济管理出版社
　　　　　（北京市海淀区北蜂窝 8 号中雅大厦 A 座 11 层　100038）
网　　址：www.E-mp.com.cn
电　　话：（010）51915602
印　　刷：北京京华虎彩印刷有限公司
经　　销：新华书店
开　　本：710mm×1000mm/16
印　　张：14.5
字　　数：202 千字
版　　次：2014 年 12 月第 1 版　　2014 年 12 月第 1 次印刷
书　　号：ISBN 978-7-5096-3625-1
定　　价：48.00 元

·版权所有　翻印必究·

凡购本社图书，如有印装错误，由本社读者服务部负责调换。
联系地址：北京阜外月坛北小街 2 号
电　　话：（010）68022974　　邮编：100836

前　言

　　人类社会发展的总体目标是不断提高人们的生活水平。但是，由于资源和环境承载力的有限性与人类需求的无限性之间矛盾的存在，随着生产力水平的快速提高，经济发展与资源环境的关系日益紧张，资源与环境成为阻碍经济持续增长的重要因素。为了保持社会的可持续发展，必须提高资源的利用效率，降低资源消耗和废物排放，循环经济模式为解决当前问题提供了有效途径，因此发展循环经济成为世界各国尤其是发展中国家的当务之急。

　　目前，对循环经济的研究多从生态学的角度出发，注重循环经济的生态效益。但循环经济作为一种新的经济发展模式，是以经济发展为主，与资源环境协同发展的经济发展模式，要充分认识和更好地利用循环经济，必须用全面系统的观点看待它。本书尝试从协同的角度，以现实的案例来研究循环经济实施的效果。

　　首先，从循环经济的基本理论出发，论述循环经济的概念、基本特征、理论基础和实践形式。介绍物质流和价值流的研究状况，分析物质流与循环经济的关系，阐述协同理论的基本内容和应用现状。

　　其次，在上述文献研究的基础上，提出循环经济的协同效应理论，并阐述其自然科学、经济学和生态学内涵，分析循环经济协同效应的层次，并从物质流和价值流两方面核算协同效应。在宏观物质流指标体系的基础上，建立循环经济的物质流指标体系，研究循环经济企业物质流的协同效应，提出分析物质流协同效应的方法和步骤，进而在界定环境成本的基础上，提出了价值流效应分析的方法和步骤。

最后，利用投入产出分析，设计了循环经济企业的投入和产出模型。利用企业的实际数据建立了钢铁企业的投入表和产出表，对循环经济企业的环境成本进行了界定，运用协同物质流效应和价值流效应的计算方法，核算企业的物质流效应和价值流效应，并对计算结果做了分析。分析结果表明，循环经济协同效应初见成效，环境效应、社会效应和经济效应都较好。需要注意的是，企业作为一个经济实体，其生产经营效益受到宏观调控政策影响的同时，自身管理水平、经营思路等也是重要影响因素。

本书的主要创新点在于：一是用协同理论诠释了循环经济的协同效应，并从物质流效应和价值流效应两方面进行分析，提出物质流效应和价值流效应核算的方法和步骤；二是建立了循环经济企业的投入表和产出表；三是界定了循环经济企业的环境成本，核算了循环经济企业的协同效应。

由于是第一次用协同理论来研究循环经济，本书提出的概念、设计的核算方法和步骤难免有不正确和值得商榷的地方。同时由于数据的缘故，本书未能对所有的方法进行实证检验，因条件所限不能全面地估计污染排放引起的环境损失，导致环境成本难以全面估计，这些都是以后需要进一步研究的问题。

目 录

第一章 绪 论 ································· 001
 第一节 选题背景及研究的意义 ················· 001
 第二节 研究内容与方法 ······················· 005
 第三节 研究的主要创新 ······················· 009

第二章 研究文献综述 ·························· 011
 第一节 循环经济文献综述 ····················· 013
 第二节 物质流和价值流分析 ··················· 031
 第三节 协同学理论及其应用 ··················· 046

第三章 循环经济协同效应理论 ·················· 057
 第一节 循环经济协同效应 ····················· 057
 第二节 循环经济协同效应理论综合 ············· 072

第四章 循环经济物质流协同效应分析 ············ 079
 第一节 物质流核算的指标体系 ················· 080
 第二节 企业的物质流核算 ····················· 087

第三节 循环经济物质流协同效应的核算 …………… 093

第五章 循环经济价值流协同效应分析 …………… 097
第一节 传统成本与效益核算的局限性 …………… 097
第二节 循环经济成本效益的界定 …………… 100
第三节 循环经济环境成本的外部性 …………… 109
第四节 循环经济协同价值流效应测算 …………… 115

第六章 循环经济的投入产出分析 …………… 121
第一节 投入产出分析 …………… 122
第二节 循环经济投入产出表 …………… 134

第七章 循环经济协同效应的实证分析
——以钢铁企业为例 …………… 145
第一节 钢铁行业的生产特点 …………… 145
第二节 循环经济发展模式下的钢铁企业 …………… 151
第三节 日钢的投入表和产出表 …………… 165
第四节 日钢的物质流指标 …………… 184
第五节 日钢循环经济的协同效应 …………… 186

第八章 结论和展望 …………… 203

参考文献 …………… 209

后 记 …………… 225

第一章 绪 论

第一节 选题背景及研究的意义

一、选题的背景

资源和环境承载力的有限性与人类需求的无限性之间的矛盾迫使人们必须不断创新。作为一种新的经济发展模式,循环经济的思想理念是在对传统单纯消耗式经济发展模式深刻反思的基础上逐步形成和发展起来的。自人类社会进入工业化阶段以来,在经济发展取得惊人成就的同时,经济发展与生态环境、资源之间的矛盾却日趋尖锐,经济发展越来越快,排放的污染物越来越多,已远远超出环境的承受能力,生态环境急剧恶化;能源消费急剧增长,地球上的不可再生资源日益减少,在不久的将来面临枯竭。人类经济社会发展必不可少的两个因素——资源与环境——对经济社会发展的制约日益明显。在这种严峻的形势下，人类不得不重新审视传统的经济发展模式，探索适应人类发展需要的新模式。传统的经济发展模式讲究经济系统的资本节约，只注重价值运动，忽视了物质在经济系统与自然资源环境系统之间的循环流动，而循环经济发展模式不仅注重价值的流动，也关注物质的循环，更重视废弃物的排放与利用。尽可能提高资源产出率，降低废弃物排放，是循环经济的特点。这也正是解决目前环境与经济问题的关键所在，是缓解经济快速发展与资源日益枯竭和环境日益恶化之间的矛盾、解决单纯经济发展方式症结的重要途径之一。国内外学者普遍认为，为保持人类社会的可持续发展，必须转变经济发展模式，采取各种措施，大力发展循环经济。我国作为世界人口大国和资源短缺国，资源与发展的矛盾更为突出，大力发展循环经济，缓和经济发展与资源短缺之间的矛盾更是刻不容缓。

近年来，社会各界对循环经济理论的研究方兴未艾，甚至提出建立循环经济学，以加强对循环经济的研究。但目前大多数学者是从生态学的角度研究循环经济的生态效率，或是建立指标体系来评价循环经济的发展，而对循环经济实施的效果如何，对经济、资源环境的影响有多大，如何计量和分析其效果等方面的研究较少。

企业是社会发展的基本单元，转变经济发展方式最根本的是转变企业的生产经营模式，发展循环经济必须从企业做起。企业是以追求盈利为目的的，没有盈利企业难以生存。不管采取哪种生产经营方式必须有盈利才可，企业以循环经济的方式进行生产也必须有利可图。创新是需要冒险的，可能遭受损失。企业经营者，特别是中国的企业经营者，一般不乐于接受新鲜事物。推广循环经济发展模式，必须以事实为依据，改变投资者和企业经营者的理念；作为政府管理者，在考虑是否推广循环经济发展模式时也需要有客观依据，这个依据就是循环经济效益核算成果。循环经济的效益核算，通过循环经济发展模式下成本与收益的确认与分析，科学地界定循环经济效益，以实践结果引导企业主动采取循环经济发展方式，是目前在微观层面发展循环经济的基本工作；同时，实践结果也是政府管理者考虑是否推广循环经济以及是否采取措施和采取哪些措施推广循环经济的参考依据。

目前，从物质流和价值流的角度来研究循环经济的较少，尤其是对于循环经济的"经济性"以及其发展对企业、行业、国家所引起的协同效应的研究更少，给人以雾里看花的感觉，在一定程度上阻碍了循环经济发展模式的推广。

本书在梳理、借鉴和评述循环经济现有研究文献和成果的基础上，运用协同理论，从循环经济的特性分析入手，通过分析循环经济的物质流、价值流，建立企业的投入表和产出表，论述循环经济的协同效应，以及核算循环经济的物质流效应和价值流效应的方法，并做了实证分析。为研究企业实施循环经济的效果提供了理论借鉴和实证分析案例，以期为我国研究循环经济理论开拓一个新的角度。

二、研究的意义

本书关于循环经济的协同效应研究是建立在循环经济、协同理论、物质流理论、价值流理论和投入产出分析研究的基础上，既具有理论意义，又具有实践意义。

1. 理论意义

本书研究的理论价值在于，将协同效应理论运用于循环经济，提出循环经济协同效应理论，并将微观经济学成本收益分析方法和环境成本理论运用于循环经济协同效应的物质流和价值流分析，以现行的投入产出分析模型为基础，创造性地建立了循环经济企业的投入模型和产出模型，核算企业的物质流效应和价值流效应，以评价循环经济对企业经营效益的影响，通过新的视角丰富当前对循环经济问题的理论研究。这将在一定程度上深化我国循环经济理论研究的内容，进一步拓宽研究视野，有利于推动我国循环经济理论研究的进一步发展，并为我国循环经济实践提供理论借鉴。

2. 实践意义

有益的理论支撑是实践顺利进行的有力保证。随着全球经济增长与环境、资源之间的矛盾日益加剧，发展循环经济已成为全球经济发展的必然趋势，也是人类在发现新的可替代资源前的必然选择。我国作为世界人口大国和资源短缺国，由于技术水平和生产经营理念等方面的制约，资源与发展的矛盾更为突出。通过循环经济的物质流和价值流分析，可以更好地了解循环经济的发展对企业的影响。对循环经济环境成本的准确界定，有利于正确核算企业的经营成果。通过对循环经济协同效应的计算和分析，有利于引导企业、行业、区域乃至国家的循环经济发展，促进经济发展方式的转变，缓解经济发展与资源环境之间的矛盾，减缓和阻止资源短缺和自然环境的急剧恶化。

第二节 研究内容与方法

一、研究内容

本书以循环经济理论、协同理论、物质流与价值流理论和投入产出理论为基础，研究循环经济对提高资源利用效率和环境保护的协同效应。本书在理论上进行了创新性探索，丰富了循环经济基础理论，在实践层面上，通过建立研究循环经济协同效应模型，对案例企业进行了实证分析，得出了循环经济协同发展能够实现经济效益和社会效益完美结合的结论。本书研究的成果为各级政府的循环经济管理部门对循环经济发展效果进行评估分析、出台相应政策、进行综合管理提供了重要的方法论基础和有用的信息数据，为企业决策者提供了企业循环经济管理信息和工具。

全书共分为八章，各章的主要构成内容如下：

第一章为绪论。主要分析论述了选题的背景与意义、研究内容与方法、论文框架结构和创新之处等。

第二章为研究文献综述。综合分析现有文献资料，从循环经济的基本理论出发，总结和论述循环经济的概念、基本特征、理论基础和实践的表现形式，全面介绍了国内外循环经济相关研究的文献资料，系统阐述了国内外循环经济研究的现状。介绍了物质流和价值流的研究状况，分析了物质流与循环经济的关系，阐述了协同理论的产生、发展、主要内容和应用现状。

第三章阐述循环经济协同效应理论。首先，阐述了循环经济协同效应理论的自然科学、经济学和生态学内涵，分析了循环经济协同效应理论的宏观和微观层次；其次，总结了循环经济协同效应理论，提出循环经济协同效应理论是循环经济理论和协同效应理论的交叉，从物质流和价值流两个角度对循环经济协同效应进行核算和分解。

第四章为循环经济物质流协同效应分析。在物质流核算体系的基础上，借鉴宏观物质流核算体系，建立了流程性企业的物质流核算指标体系，分析了传统流程性企业的物质流核算和流程性循环经济企业物质流核算之间的异同，建立了流程性循环经济企业的物质流核算指标体系。选择了典型性流程性企业——大型钢铁企业为案例，研究了流程性企业的循环经济物质流协同效应。在具体研究中，把企业物质流效应分解为四大部分，并提出了计算方法和步骤。

第五章是循环经济价值流协同效应分析。在市场经济体制下，每一种物质资源均具有一定的市场价值，物质流动必然伴随价值流动。因此，价值流是物质流的价值体现。在价值形态上，物质流变动就意味着企业的成本构成在数量上发生变化，从而对企业的经济效益产生影响。因此，价值流效应也就反映了企业循环经济的经济效益。本章分析了未反映环境外部性的传统价值流的缺陷，分析了传统环境成本和效益分析的局限性，界定了循环经济下的环境成本和效益，分析了环境成本的外部性，环境成本的计量方法。在物质流核算方法的基础上，提出了价值流核算的方法和步骤。

第六章是循环经济的投入产出分析。通过介绍投入产出分析法的产生、发展，投入产出表的基本理论和方法以及种类，在此基础上考虑到企业实际情况以及循环经济不同于传统经济的特点，设计了循环经济发展方式下的企业投入表（消耗表）和产出表（制造矩阵），为下一章的实证分析奠定了理论基础和方法。

第七章是循环经济协同效应的实证分析。在以上几章的基础上，运用企业的实际数据建立了典型的流程性工业中的钢铁企业的投入表和产出表，运用协同物质流效应和价值流效应的计算方法，核算了案例企业的物质流效应和价值流效应，并对钢铁企业发展循环经济的物质利用效率和环境效率的协同效应进行了深入分析。

第八章是结论和展望。是对本书研究的一个总结，以及下一步研究的方向和重点。

本书研究的框架如图 1-1 所示。

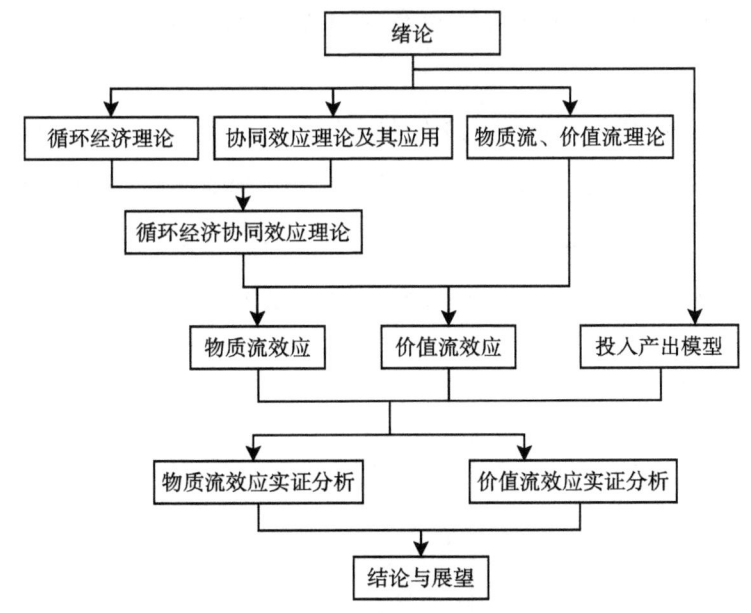

图 1-1 研究框架结构图

二、研究方法

本书以马克思主义政治经济学理论为指导，以科学社会主义理论为出发点，综合运用生态学理论、环境经济学理论、微观经济学理论和协同理论等基础理论，通过模型推导、数理阐述、实证检验等技术方法，理论研究和实证分析相结合，注重定性分析和定量分析相结合，尝试运用模型来测算循环经济的协同效应，以及对发展循环经济的影响。本书用三种分析法来研究：

文献研究法：在阅读大量文献的基础上，通过比较和综合研究，为本书的研究提供了借鉴。

模型分析法：通过对传统投入产出模型、环保型投入产出模型的研究，形成了建立本书投入表和产出表的思路。通过研究循环经济的特性和物质流的特点形成了物质流协同效应的因素分解模型。

综合研究法：循环经济的协同效应研究涉及经济学、生态学、会计学、环境经济学、技术经济学等多种学科理论，在分析、吸取上述多种学科理论营养的基础上，逐步形成了本书研究的理论思想，形成了本书的研究思路与脉络。

第三节 研究的主要创新

本书对循环经济的协同效应做了有益的理论探讨和实证分析，主要的创新点有以下几个方面：

第一，将协同效应理论应用到循环经济研究，提出了循环经济协同效应理论，这是循环经济研究领域在理论上的一个创新。基于循环经济协同效应理论，从物质流和价值流两个角度核算循环经济的协同效应，并运用因素分解法对物质流效应做了进一步的分解和实证。

第二，建立了企业物质流核算指标体系，以企业物质流和价值流分析为基础，建立了企业循环经济投入表和产出表，开拓了企业循环经济协同效应实证研究新领域，也开创了研究循环经济企业的物质流协同效应和价值流协同效应新方法。

第三，运用环境成本理论和传统的会计学理论，结合循环经济物质流的特点，界定了循环经济企业的环境成本，运用企业循环经济投入表和产出表，对案例企业的循环经济协同效应进行了实际分析和测算，并把协同效应归结为经济效应、环境效应和社会效应。以此丰富了循环经济的理论，开辟了核算企业循环经济协同效应的先河，为以后的研究提供了理论和实证依据。

第二章 研究文献综述

　　循环经济是指按照自然生态系统的模式来发展经济、开展活动，即人类的活动要符合生态学的规律，从本质上讲是一种新的经济增长方式或模式。循环经济倡导的是一种与环境友好、和谐的经济发展模式。它要求把经济活动组织成一个"资源—产品和服务—再生资源"的周而复始的过程，其特征是高利用、低开采、低排放。所有的物质和能源在这个不断进行的循环中均得到合理和持久的利用，以求把经济活动对自然生态环境的影响降低到最小的程度，从而从根本上消除长期以来环境与经济发展之间的冲突和矛盾。"减量化、再利用、再循环"（Reduce，Reuse，Recycle，3R）是循环经济的基本特征。一般认为，"循环经济"一词是美国经济学家鲍尔丁在20世纪60年代提出生态经济时谈到的，这是"循环经济"思想的萌芽。如果以此作为现代循环经济理论的提出，循环经济理论已经有五十多年的历史。在循环经济理论发展的五十多年中，国内外学者是仁者见仁，智者见智，从不同的角度来阐述循环经济，见解颇多，而且相关研究成果已被联合国及各国政府利用，对减缓资源枯竭和人类可持续发展发挥了积极作用，但从整体来看理论尚未成熟，没有形成完整的理论体系。

资源的枯竭和环境压力的日益加大使众多学者和仁人志士产生的资源危机感是循环经济产生的动力根源。我国作为人口大国和资源贫乏国，经济快速发展与资源急剧消耗和资源的有限性之间的矛盾更加突出，在一定程度上调动了国内学者研究的积极性。国内研究循环经济的知名学者（王如松、诸大建等）多从生态学的角度来谈循环经济。但是，社会、经济和自然环境是密不可分的统一体，这三者应该协调发展，以实现人类社会的可持续发展。

本章介绍循环经济以及协同理论的研究文献，为后文的研究提供研究思路。本章内容共包括三部分：一是循环经济的文献简述。因为关于循环经济的起源、发展以及政策建议等在诸多文献中有介绍，这里不再重复。首先在介绍国内外循环经济定义的基础上，分析了中外循环经济内涵的不同；随后介绍了循环经济的理论基础、基本特征以及实践形式。二是物质流和价值流的研究，介绍和梳理物质流分析和价值流分析的国内外研究现状，分析物质流与循环经济的关系。三是协同理论，在介绍协同理论产生和发展的基础上，概述协同理论的主要研究内容和应用现状。

第一节　循环经济文献综述

一、循环经济的概念辨析

循环经济的思想和实践具有悠久的历史，中国很久以前就有"桑基鱼塘"等古典循环经济模式，资源的综合利用工作在我国一直运行着，这是以资源节约为目标的循环经济。现代循环经济思想起源于20世纪60年代西方发达国家的环境保护思潮，是以保护环境、减少污染为目标的循环经济。

（一）循环经济的概念内涵

国外学术界很少有人专门对循环经济进行理论研究，循环经济被视为环境经济学界研究的范畴，主流经济学并未单独把它作为研究对象。1990年，英国学者皮尔斯和特纳在他们所著的《自然资源与环境》一书中首次使用了"循环经济"来定义资源的循环利用。1994年，德国颁布的《循环经济与废弃物管理法》第一次使用"循环经济"一词，日本则用循环型社会来表达循环经济。目前很少有国家正式使用循环经济这一术语，英文表达尚不一致，Circular Economy、Recycling Economy以及Substance Closed Cycle等都曾出现于英文文献中。

国外研究者，如莱斯特·R.布朗、巴里·康芒纳等，对循环经济的研究体现于商业生态学、生态经济学、产业生态学、清洁生产、零排放、生命周期评价等理论中。Frosch Robert（1992）认为，"产业生态是指相互之间消费废弃物的生态系统和网络，一个企业的废弃物是其他企业的原料"，强调企业之间在资源利用之间的合作。Lowe Ernest（1993）认为，产业生态是自然界与区域经济系统密切联系的服务系统。产业生态理论的核心观点是以经济、技术和文化的发展为前提，积极促进评估环境负荷和采取措施使环境负荷最低化，并强调经济发展生态环境间的相互作用。John Ehrenfeld 和 Nicholas Gertler（1997）认为通过企业间相互利用废物，可以降低环境负荷和废物的处理费用，提高环境自净能力，从而建立循环型的产业共生系统。零排放理论则是将废物看作是没有得到有效利用的原材料，主张将废物作为其他企业生产的原材料使用（周兵、黄志亮，2006）。发达国家的现代循环经济是废弃物的循环利用和环境保护。

与国外学者的表现不同，中国的学者对循环经济的定义从不同的角度进行了多方面的论述。上海同济大学诸大建教授（1998）在《可持续发展呼唤循环经济》中对循环经济的定义是，循环经济是针对工业化运行以来高消耗、高排放的线性经济而言。它要求把经济活动组织成为"自然资源—产品和用品—再生资源"的反馈式流程，所有的原料和能源都能在这个不断进行的经济循环中得到最合理的利用，从而使经济活动对自然环境的影响控制在尽可能小的范围内。

世界著名环境科学专家、全国人大常务委员会委员、全国人大环境与资源保护委员会主任委员、中华环境保护基金会理事长、中国环境管理干部学院名誉院长曲格平教授（2000）认为：循环经济就是把清洁生产和废弃物的综合利用融为一体的经济，它要求运用生态学的规律来指导人类的经济活动，按照自然生态系统的物质循环和能量流动规律重新构建经济系统，使经济系统和谐地纳入自然生态系统的物质循环过程中，建立起一种新形态的经济。

中国工程院院士、中国科学院理学博士、著名生态学家王如松教授（2003）在《循环经济建设的产业生态学方法》中的表述是：循环经济是按生态学原理和系统工程方法运行的高效资源代谢过程，具有完整的系统耦合结构及整体、协同、循环、自生功能的网络型、进化型的复合型生态经济。

原国家发展和改革委员会党组成员、副主任兼直属机关党委书记解振华（2004）在《关于循环经济理论与政策的几点思考》一文中认为，循环经济是在生态环境成为经济增长制约要素，良好的生态环境成为一种公共财富阶段的一种新的技术经济范式，是建立在人类生存条件和福利平等基础上的以全体社会成员生活福利最大化为目标的一种新的经济形态。

段宁博士（2005）在《循环经济的自然科学基础理论》一文中提出，循环经济是以人类可持续发展为增长目的、以循环利用的资源和环境为物质基础，充分满足人类物质财富需求，是生产者、消费者和分解者高效协调的经济形态。

任勇、吴玉萍（2005）在《中国循环经济内涵及有关理论问题探讨》中提出，循环经济是对社会生产和再生产活动中的资源流动方式实施了"减量化、再利用、再循环和无害化"管理调控的，是具有较高生态效率的新的经济发展模式。

国务院发展研究中心社会发展研究部室主任、国务院特殊津贴获得者周宏春、刘燕华（2008）通过综合多方面研究成果，在比较分析多位学者对循环经济概念定义的基础上，提出了广义和狭义的循环经济概念。广义的循环经济是指围绕资源高效利用和环境友好所进行的社会生产和再生产活动。狭义的循环经济是指通过废物的再利用、再循环等社会生产和再生产活动来发展经济，相当于"垃圾经济"、"废物经济"等。循环经济是一种发展，是用发展的办法解决资源约束和环境污染的矛盾。

全国人大常委会委员、全国人大环境与资源保护委员会副主任，国家软科学研究工作指导委员会副主任，中国循环经济发展论坛组委会副主任兼秘书长、循环经济立法起草小组组长冯之浚教授（2006）在《循环经济的范式研究》中提出，循环经济就是按照自然生态物质的循环方式运行的经济模式，它要求遵循生态学规律，合理利用自然资源和环境容量，在物质不断循环利用的基础上发展经济，使经济系统和谐地纳入自然生态系统的物质循环过程中，实现经济活动的生态化。

中共中央党校纪委委员、经济学教研部党总支副书记贾华强教授（2008）在其《循环经济学概论》一书中指出，循环经济是按照清洁生产要求及3R原则，对物质资源及其废弃物实行综合利用的经济过程。

中国社会科学院数量经济与技术经济研究所副所长、博士生导师齐建国研究员等（2006），认为循环经济是在深刻认识环境污染、经济与资源消耗之间关系的基础上，以环境保护为目标，以资源节约和物质循环利用为技术手段，以制度创新为推动力，在经济上合理、技术上可行和满足市场需要的前提下，以环境污染和废弃物排放最小化、资源效率最大化来实现经济持续增长的一种经济发展模式。换言之，循环经济就是要研究和实践如何化解经济发展与资源、环境、生态相互制约的矛盾，最终实现经济增长与环境友好、资源节约、生态平衡相协调的可持续发展目标。

杨雪峰等学者（2009）认为循环经济是指以资源的高效利用和循环利用为目标，以"减量化、再利用、再循环"（3R）为原则，以物质闭路循环和能量梯次使用为特征，按照自然生态系统的物质循环和能量流动的方式运行的经济模式。

《中华人民共和国循环经济法》中给出的循环经济定义是：在生产、流通和消费过程中进行的减量化、再利用、再循环活动的总称。

高昂博士（2010）在其博士学位论文《循环经济物质流特征和流动规律研究》中认为，循环经济以"减量化、再利用、再循环"为原则，以资源的高效利用和循环利用为核心，以低消耗、低排放、高效率为基本特征，运用制度和技术手段，实现一定资源环境约束条件下经济可持续增长为目的的新型经济增长方式。

从上面的介绍看到，国内循环经济的概念经历了三个发展阶段：首先，循环经济是资源的高效利用和污染物的减排，这是从环境保护的角度定义的；其次，循环经济是一种生态经济，按照生态规律运行的经济，这是对循环经济认识层次的提高；最后，循环经济是一种新的发展模式，这是把循环经济引入经济学的研究范畴，是概念上的创新和认识上的深化。随着人们对循环经济认识程度的提高，对循环经济的界定越来越综合，从保护环境、节约资源的一般性角度上升到经济发展模式和人与资源、环境协调发展的地位上，这种认识上的深化与升华，对于循环经济的理论研究、宏观政策导向、立法、实践都具有积极的作用和显著的影响。

从国内学者对循环经济的定义可以看出，环境保护工作者、生态经济学家和环境经济学家分别从环境保护、生态经济和资源利用的角度来定义循环经济，对循环经济的认识角度不同，循环经济的概念也就存在较大的不同。

本书认为，循环经济是以"减量化、再利用、再循环"为基本原则，经济与资源环境协同发展的新的经济发展方式。循环经济是对传统发展方式的变革，是目前解决经济与资源环境之间矛盾的有效途径。

循环经济的这个概念体现了循环经济的内涵：

第一，循环经济是对传统的大量开采、大量生产、大量消费和大量排放的经济增长模式的创新。传统经济是单向物质流动的线形经济，不仅大量生产和消费，还大量排放污染物，忽视对环境的危害和资源的有限性，是不可持续的经济发展方式。循环经济是低投入、有限排放的资源循环利用的经济发展方式，是可持续的经济发展模式。

第二，循环经济以"3R"为基本原则。在"减量化、再利用、再循环"三个原则中，减量化是核心原则，也是最高原则。"减量化"是在产品设计和开始生产时，就尽可能减少原材料的投入，节约能源的投入，进而避免和减少废弃物的产生，减量化贯穿于产品和服务的设计、生产、消费直至处置废弃物整个过程。"再利用"和"再循环"是密切相关的，再利用是对废弃的物资进行利用，也是一个循环的过程，即对所有的资源做到物尽其用。

第三，循环经济是经济与资源环境协调发展的一种模式，是按照生态规律，即自然生态环境中物质循环的方式来发展的经济模式。这种发展模式从其本质上讲是依靠效率和质量持续提高的环境友好型增长的经济，是与资源环境友好和谐的发展方式。

(二) 中外循环经济概念内涵的差异分析

随着经济的发展和工业化进程的深化，人类的生产和消费活动排放越来越多的废弃物，超出了自然环境的净化能力，环境污染日益严重；同时自然资源也面临枯竭。资源和环境都成为制约人类经济社会发展的重要因素，循环经济的目的是缓解经济发展与资源环境之间的矛盾，提高资源利用率，减少废弃物排放，提高环境效率。循环经济既包括资源节约也包括环境保护，但是中外学者对循环经济理解的侧重点不同，究其原因在于循环经济产生时的社会经济发展阶段不同。

国外提出循环经济的概念是20世纪60年代，当时西方发达国家的工业化已完成进入后工业化阶段，产业结构合理，技术先进，生产率水平较高，资源和能源的利用率高，一般的污染问题能被解决。特殊工业废弃物和消费排放的大量废弃物，尤其是固体废弃物，成为污染环境的主要问题。为此，德国在1972年就颁布了《废弃物处理法》，对垃圾进行焚烧和填埋，但这种末端处理的方式，没有解决污染的根本问题。20世纪90年代，以德国为代表的欧美发达国家，转向采取从源头防治废弃物产生和预防污染的模式，通过将废弃物的再资源化和循环利用，以减少对原生资源的消耗，同时也减少废弃物的排放对生态环境的破坏。这是西方国家针对废弃物处理和再利用提出的循环经济的概念

（齐建国，2006）。西方发达国家循环经济的核心是保护生态环境，从源头预防污染产生，即减少资源消耗和不排放废弃物。

中国是农业大国，人口众多，可用耕地较少，农业生产力水平较低，一直为生活物品的短缺所困扰，勤俭节约是中国人的文化传统。新中国成立以后，虽然生产力有所提高，但人口多和资源匮乏的问题仍然存在，在20世纪70年代，大中城市政府内都有"三废办公室"，负责废气、废水和废物的处理和回收利用，提倡重复利用各种物资和废弃物。直到20世纪80年代，中国一直实行物资配给制。当时学术界和领导层的很多人士认为解决资源短缺是循环经济的目标（解振华，2005）。改革开放后，经过二十多年的高速增长，中国目前进入重工业化阶段，意味着消耗更多的资源和排放更多的废弃物，从而加剧了资源供需矛盾、经济发展与环境污染的矛盾。而中国还面临着巨大的就业压力、城乡差距和地区差距的压力、经济与社会发展不平衡的压力等。解决这些问题，必须保持经济高速增长，也必须解决资源与环境污染的问题。在这样的背景下，循环经济成为解决这些问题的有效途径。同时，为了实现2020年全面建成小康社会的目标，中国提出了全面建成小康社会、走新型工业化道路的战略选择。中共十七大报告指出："坚持节约资源和保护环境的基本国策，关系人民群众切身利益和中华民族生存发展。必须把建设资源节约型、环境友好型社会放在工业化、现代化发展战略的突出位置，落实到每个单位、每个家庭。"在中国特定的经济社会发展背景下循环经济就具有了更为丰富的含义。中国循环经济不仅是预防和治理环境污染，更重要的是资源消耗的"减量化"，并且把发展循环经济与转变经济增长方式、提高经济发展质量和资源与环境效率紧密地结合在一起。

齐建国研究员等（2006）指出的中国循环经济的内涵和意义，比"垃圾经济"深刻：一是中国的循环经济被定义为以3R原则为手段、以提高生态效率或资源生产率为目标的经济；二是中国循环经济涉及的内容，要比德国和日本等国家以消费后废弃物为重点的做法广泛；三是中国的循环经济不是被界定为由环保部门执行的一种环境管理行动，而是被界定为在国家总体指导下由经济社会发展综合部门即国家发展和改革委员会统筹协调的一种新的经济发展模式。至此，循环经济不仅仅是环境保护和废弃物利用，而是涉及技术范式、生产与消费方式、制度安排、经济发展模式等多个层次，具有重要的战略意义。

二、循环经济的理论基础

任何一个理论的形成和发展必然有其理论基础，循环经济也不例外。经过十几年的发展，循环经济的理论基础并没有形成统一的认识，诸多学者从不同的角度提出了众多的见解。2005年金涌院士提出了循环经济的五大自然科学基础，即热力学第一定律、热力学第二定律、耗散结构理论、信息理论和质能关系理论。冯之浚教授（2004）提出，循环经济的理论基础包括整体论、系统论、自组织理论和协同理论，应从整体、系统的角度看待循环经济的发展。吴季松教授（2003）认为，循环经济的理论基础是系统论和生态学，对传统经济学应从系统论和生态学的角度重新审视。周宏春、刘燕华（2008）认为，循环经济的理论基础至少包括哲学（认识论、自然保证论、伦理道德等）、自然科学(热力学定律、生态学等)、经济科学（资源经济学、环境经济学和生态经济学等）、系统科学（系统论、信息论和控制论等）等。段宁博士（2005）在其所撰写的《循环经济的自然科学基础理论》一文中提出循环经济的理论基础是物质代谢规律。其核心内容表述为物质代谢与经济增长之间的四个基本的科学规律：第一，赶不上定理，物质强度下降的速度赶不上人均经济总量上升的速度；第二，上升多峰原理，在人类发展历史中，总的趋势是人均经济总量不断上升，人均物质代谢规模永远随其上升而上升；第三，物质减项定理，即停止使用不可循环利用的不可再生物质是人类实现可持续发展的必要条件；第四，完全循环定理，即人类使用的物质是完全循环的，这是人类达到可持续发展的充分必要条件。

齐建国教授等（2006）通过梳理环境经济理论、生态经济理论、资源经济理论等的产生、发展和研究内容，结果发现三者的研究范畴具有较多重合之处，是从不同角度研究自然界，其核心是一致的，并分析了三者对循环经济的理论贡献，认为环境经济理论、生态经济理论、资源经济理论是循环经济的经济理论基础；还提出技术创新是循环经济模式的基本支撑，论述了技术经济学与循环经济的关系。

任勇、吴玉萍（2005）分析了循环经济理念产生有其自然、社会、经济基础，以及科学和实践基础。学者臧漫丹（2006）认为可持续发展理论、生态经济学理论、产业生态学理论、减物质化的有关理论和环境经济学等都为循环经济的理论发展和实践提供了丰富的理论营养和思想源泉，其中生态经济学理论是循环经济最主要的理论基础。杨雪峰等学者（2009）认为循环经济的自然科学基础包括生态学、产业生态学、系统论、信息论和控制论，生态经济学、环境经济学、可持续发展经济学为循环经济提供了经济学的理论依据。因为这些理论在这些著作中都有详细的阐述，这里不再一一赘述。

从以上观点可以看出，热力学定律、信息理论、质能关系理论、整体论、系统论、自组织理论和协同理论等，都是对客观世界认知的概括和总结，是人类认识自然和改造自然的理论总结，对人类的各种理论研究、科学研究、生产实践活动都具有广泛的指导意义，对各类学科的兴起和建设都具有普遍的引导作用和支持作用，可以说是所有学科的一般基础。生态学和物质代谢理论研究的是自然科学中的局部规律，是具体的生态规律、物质代谢规律，与循环经济所要研究和解决的问题有着更为密切的联系，属于资源经济理论的研究范畴。而环境经济理论、生态经济理论、资源经济理论与循环经济理论的关系更为密切，也得到了众多学者的认同，故本书同意齐建国教授的观点，认为环境经济学、生态经济学、资源经济学为循环经济的经济理论基础。

从以上两部分的介绍和分析可以看出，中国学者对循环经济的理论研究尽管存在分歧，但研究的深入程度远高于西方国家，对概念和理论基础都做了深入的探讨和研究，观点不同说明看待事物的角度和方向不同，更有利于进行深入的研究。

随着对循环经济研究的深化，有的学者（周宏春、杨雪峰、贾华强、刘雪飞等）甚至提出了建立循环经济学学科，并对循环经济学的内涵、理论基础、基本特征、研究对象、研究方法、技术支撑等做了探讨。

三、循环经济的基本特征

到目前为止，国内大部分学者认为循环经济以"减量化、再使用、再循环（或资源化）"为基本原则。其中，减量化原则是循环经济的核心和最高原则，它要求用较少原材料和能源达到生产或消费的目的，针对的是输入端，在生产的源头控制输入；再使用原则是指延长产品或服务的使用时间，在产品的设计和制造过程中设法延长产品的生命周期，提高资源使用效率；资源化原则是指产品的使用功能完成后能重新被利用，而不是不可利用的废弃物。

循环经济的基本特征首先是资源的循环利用和废弃物的减量化、无害化，要求在生产全过程中讲求资源的节约和有效利用，减少资源的投入，这是最基本和最重要的；其次是在生产和使用的过程中，对资源的循环综合利用，减少废弃物的排放，尽可能实现废弃物零排放；最后是对不能再次使用的废弃物进行无害化处理，尽量实现对生态环境的保护。

从人类与生态环境的关系和对生态环境的认识而言，冯之浚学者（2006）认为人类社会在经济发展过程中经历了三种模式，代表了三个不同的层次。第一种是传统经济模式。人类从自然中获取资源，又不加任何处理地向环境排放废弃物，是一种"资源—产品和服务—污染排放"的单向线性开放式的经济过程。在这个时段，生产力低下和环境本身的自净能力还较强，人类对环境的破坏不明显，自然资源还处于用之不竭的阶段。但随着工业化进程的迅速发展，生产力的提高和人口的增长以及消费模式的改变，环境自净能力逐步削弱甚至丧失，环境问题和资源短缺危机开始出现，经济发展和资源环境的冲突日益加重，人类不得不开始注意环境问题，经济发展进入第二阶段。第二种是"生产过程末端治理"模式。它开始注意环境问题，但其具体做法是"先污染，后治理"，强调在生产过程的末端采取措施治理污染。结果导致治理的技术难度越来越大，不但治理成本日益提高，而且生态恶化难以遏制，经济效益、社会效益和生态效益都很难达到预期目标。从本质上讲，第二种模式仍然是传统经济模式，因为其不能遏制生态环境恶化的趋势，不能达到预期的经济和社会目标。第三种是循环经济模式。它以资源循环利用和污染排放最小化为目标，要求合理利用自然资源，经济社会的发展与自然环境融于一体，不仅提高经济效益，还提高环境效率，是实现经济环境和谐的发展模式。

四、循环经济的评价

对循环经济的评价，一般是根据循环经济的特征建立一套总量指标体系进行，天津社会科学院的学者牛桂敏（2005）对循环经济评价体系的构建进行了研究，该循环经济评价指标体系包括3个层次（目标层、准则层、指标层）、6个子模块（经济增长指数、科技进步指数、资源消耗指数、废弃物排放指数、资源利用效率指数和资源环境循环利用）、36个指标。

诸大建和邱寿丰（2006）提出用生态效率评价循环经济，根据指标与物质循环目标的相关性，指出 Seiji Hashimoto 和 Yuichi Moriguchi 提出的6个物质循环指标是合适的评价循环经济的指标。王茂祯和冯之浚（2012）建立了包括 9 个一级指标、52 个二级指标的循环经济评价体系，设置出了体现我国国情的循环经济创新评价指标体系的指标评分标准，为评价循环经济发展提供依据。肖玲诺和杨美荣（2012）构建了循环经济城市的评价指标体系，用山东 17 个地级城市的数据进行了演示。陈晓红等（2012）通过构建输入、生产消耗与循环、输出 3 个环节的循环经济评价指标体系，用模糊数学理论以及层次分析法评价了企业的循环经济发展情况。辛阳和周晓梅（2013）构建了我国农业循环经济发展效益评价指标体系，并运用熵权系数法对我国农业循环经济的经济效益、社会效益和生态效益发展程度进行了评价。

还有学者通过分析某个工业园区或经济区实施循环经济的具体情况和具体特点，以此为基础建立相应的评价指标和评价方法。许乃中等（2010）针对工业园区的特征设计了以生态效率—物质流分析为基础的循环经济绩效评估指标体系，并利用灰色聚类和模糊数学方法分别建立了循环经济绩效评估模型，做了实证研究，结果发现模糊评价方法更为合理，在研究结果的基础上，对改进循环经济绩效提出了建议。国家清洁生产中心元炯亮（2003）对生态工业园区的评价指标体系进行了研究，提出了生态工业园区评价指标体系的框架，包括经济指标、生态环境指标、生态网络指标和管理指标。经济指标由反映当前经济发展水平和经济发展潜力的指标组成；生态环境指标包括环境保护、生态建设和生态环境改善潜力等方面；生态网络指标是工业生态园区的特征指标，反映物质、能量和水资源的集成、信息共享和基础设施共享的效果，包括重复利用、柔性特征和基础设施建设等方面；管理指标包括政策法规制度、管理与意识等。向秋华、向媛秀（2010）建立的北部湾经济区的循环经济指标体系包括 5 大类（经济发展、资源减量投入、废弃物减量排放、资源循环再利用、生态环境质量）、30 个指标，并分为 3 个层次，评价方法采取层次分析法、模糊数学法、灰色关联分析法等。

有的学者则在模型的基础上建立指标体系，如王奇和王会（2007）建立了封闭和开放的经济系统的物质流总量模型，并构建了评价循环经济的指标：循环指数 $I1$ 和循环指数 $I2$，并运用这两个指标评价了日本 1987 年和 2000 年的物质流状况。

五、循环经济实践的表现形式

目前，循环经济的实践有三个层面：小循环（企业层面）、中循环（区域层面）、大循环（社会层面），这三个类型的循环可以看成由小到大依次递进的三个层次。前者是后者的基础，后者是前者的平台（冯之浚，2006）。

（一）小循环（企业层面）

小循环主要是单个企业内部的物质循环，通过在企业内部交换物流和能量流，使企业内部资源利用最大化、环境污染最小化，是循环经济在微观层次上的体现。企业内部废弃物的回收循环利用通常包括下列几种情形：一是将流失的物料回收后作为原料返回到原来的生产工序中，例如从炼铁、炼钢尘泥中回收铁，从印染废液中回收染料等；二是将生产过程中生成的废料作为原料返回到原生产流程中，例如轧钢产生的边角料返回到炼钢流程成为原料；三是将生产过程中生成的废料经处理后作为原料用于企业内部其他生产过程中，例如炼铁生产的废料——水渣成为生产水泥的原料（齐建国等，2006）。

企业层面的循环经济要求企业对每一个生产流程进行严格控制，提高原材料的产出率，提高合格品率，降低废次品率，从而提高资源利用效率，达到节约原材料的目的；实施先进清洁技术，重复回收能源，提高能源利用效率，从而节约能源消耗量；要求企业将环境因素纳入生产过程和产品设计中，通过技术进步和工艺改进，努力使生产过程的物质、能量充分循环利用，减少排放，甚至达到"零排放"的目标，以实现经济、资源与环境保护的三重效益（吴传蓉，2008）。

国外实践循环经济最为典型的企业是美国杜邦化学公司，是实施循环经济模式的企业代表。杜邦化学公司的研究人员把循环经济的"3R"原则创造性地发展成为"3R制造法"，通过放弃使用或减少使用化学物质的使用量，组织工厂内部各工艺之间的物料循环，达到少排放甚至零排放污染物的环境保护目标。杜邦公司通过放弃使用某些对环境有害的化学物质，减少一些化学物质的使用量以及发明回收本公司产品的新工艺，到1994年已经使该公司生产造成的废弃塑料物减少了25%，空气污染物排放量减少了70%。同时，还利用回收的废弃塑料物，开发出了耐用的乙烯材料新产品（齐建国等，2006）。在我国，已有大量企业实践循环经济，2012年4月6日工业和信息化部公布了第一批23项工业循环经济重大示范工程，包括上海宝钢、山东泉林纸业公司、北京水泥厂有限责任公司和广西湘桂糖业集团有限公司等。

(二) 中循环 (区域层面)

中循环主要是企业之间的物质和能量循环,例如下游企业的废料、副产品返回上游企业作为原料重新使用,或者某一产业的废料、余热送往其他产业加以利用,中循环一般是以生态工业园区为载体。

生态工业园作为循环经济的一个重要发展形态,正在成为许多国家工业园区改造的方向。在园区内,通过模拟自然生态系统来设计工业园区的物质流和能量流,即通过企业间的物质集成、能量集成和信息集成,形成企业间的工业代谢和共生关系(范连颖,2008),这是共生企业的循环经济模式。

目前国际上在区域层面上循环经济模式运行最为典型的代表是丹麦的卡伦堡生态工业园区。该园区把各类工厂联结起来,形成网络循环,以发电厂、炼油厂、制药厂和石膏制板厂四个厂为核心,工厂之间通过贸易的方式综合利用废气、废热、废水、废渣,不仅节约了原料和能源,而且大大减少了废物产生量和处理费用,实现了生产发展和环境保护的良性循环(李富田,2005)。我国已建立了十几个生态工业园区示范基地,如包头国家生态工业(铝业)示范园区、上海化学工业园区和天津开发区等。

(三) 大循环 (社会层面)

大循环主要是指整个社会的产品经使用报废后,其中大部分物质返回生产部门,经处理后重新成为原料,例如废旧塑料、旧轮胎、钢材、玻璃、纸张等的回收再生利用(齐建国等,2006)。是企业与社会之间的物质交换。

社会层面的大循环是构建社会废弃物回收利用网络，通过废旧物资的再生利用，实现生产中和消费后的物质和能量的循环，在整个社会范围内形成"自然资源—产品和服务—再生资源"的循环经济环路。只有在全社会范围内按照减量化、再利用、资源化的原则进行生产和消费，循环经济才能在全国范围内真正实现。

德国的双元回收体系（Duales System Deutschlalld，DSD）是非政府组织对包装废弃物进行回收利用的成功案例。DSD又称绿点组织，它与废弃物管理公司签约，进行收费经营。该组织接受企业的委托，对企业的包装废弃物进行回收和分类，然后送到相应的资源再利用工厂进行循环利用，能够直接利用的包装物则返回原制造企业。DSD系统的建立大大促进了德国包装废弃物的回收利用。我国已有多个城市开展循环经济实践，如青岛、贵阳、上海、佛山等。

从循环经济实施的三个层面看，企业是实施循环经济的基本单位，小循环发生在企业内部，中循环在企业与企业之间进行，大循环是在企业与社会之间。因此，企业是发展循环经济的主要单位。

第二节　物质流和价值流分析

一、物质流分析

物质流（Material Flow）是生态系统中物质运动和转化的动态过程。物质流分析方法描述了人类从自然生态系统获取自然资源，进行生产、消费和产生废弃物的经济活动，以及废弃物的再利用和资源化的过程中物质的实物流量和流向。也就是把资源"从摇篮到坟墓"的模式改变成为"从摇篮到摇篮"的模式。

物质流分析遵循质量守恒定律，是对经济活动中物质流动的数量分析，在对物质的投入和产出进行量化分析的基础上，建立物质投入和产出的账户，以便进行以物质流为基础的优化管理。物质流分析主要衡量经济社会活动的物质投入量、产出量和物质利用效率。物质流分析内容有两个方面，一是物质总量分析模型，二是物质使用强度模型。物质总量分析模型是指一定的经济规模下所需要的物质总投入、物质总消耗和总循环量。而物质使用强度模型则主要关注一定生产或消费规模下，物质的使用强度、消耗强度和循环强度。

(一) 国内外物质流研究综述

1. 国外物质流的研究

物质流分析（Material Flow Analysis，MFA）思想的发端可以追溯到 100 多年以前（Fischer-Kowalski、Huttle，1999）。1969 年 Ayres 和 Kneese 发表了第一个基于经济学观点的国家层面的物质流分析，为了考察经济和消费的外部性，二人建立了第一个物质流图，第一次提出了利用"物质平衡原理"考察国民经济的物质流动。

20 世纪 80 年代末 90 年代初，可持续发展理论的发展、产业生态学的产生和发展推动了物质流分析的研究，奥地利、日本和德国首先根据国民经济核算账户提供的数据，应用物质流分析法对各自国家经济系统的自然资源和物质的流动状况、物质消费情况进行了分析研究，揭开了经济系统物质流分析方法广泛应用的序幕，随后丹麦、芬兰、法国、意大利、荷兰、瑞典也开始运用物质流分析法分析各自国家的物资流动情况。世界资源研究所（World Resource Institute）对美国、德国、日本、荷兰 1975~1994 年经济系统的物质流动状况进行了全面的分析、比较。随着经济发展、资源的短缺和环境的恶化，运用物质流分析法对本国经济系统进行分析的国家不断增多。1999 年，Tjahjadi 等利用包含环境核算账户的国民核算矩阵，介绍了德国环境经济核算、物质流和能量流分析，根据国民核算矩阵的数据分析了环境压力、温室气体效应和酸化对经济的效果。Niels Schulz（2006）从投入和产出的角度运用物质流分析法分析了新加坡 40 多年的直接物质消费和水的使用情况，土地使用、房屋和基础设施的建设以及车辆拥有人数和能源使用的变化趋势，二氧化碳排放和固体废弃物的产生情况。结果发现，人均资源使用和单位经济增长处于弱脱钩状态，由于人口增长、经济和消费增长，资源使用和废物产生的总量在增加。

2001年，欧洲环境署（European Environment Agency，EEA）运用物质流分析方法对欧盟15国的物质流输入进行了统计分析，这是物质流研究第一次应用于区域经济系统（单永娟，2007）。Janssen等（2001）讨论了经济发展和物质流之间的关系，建立了工业物质循环图，指出经济系统的物流分析方法有物质流分析法、投入产出法和生命周期评价法。物质流分析法关注特定区域范围的经济系统和环境系统的物质流动；投入产出法关注经济部门之间和内部的物质流动；生命周期评价法则是关注产品在整个寿命期间的物质形态的变化。Hashimoto和Moriguchi（2004）从物质流的角度，根据物质循环的目标和指标的相关性建议用物质循环的六个指标来描述社会代谢，六个指标包括：直接物质输入（DMI）、国内过程产出（DPO）、物质使用时间（MUT）、物质使用效率（MUE）、已用产品再生率（RRUP）和已用产品再生使用率（URRUP）。描述物质循环的指标是直接物质输入和国内过程产出，物质使用时间指标描述了已用产品的再使用，描述副产品再生的指标是物质使用效率，描述已用产品再生的指标是已用产品再生率和已用产品再生使用率。

家庭作为社会的细胞，在消费中具有重要地位，为了研究家庭的物质消费情况，2003年陶在朴完成了1997年奥地利家庭的物质流分析核算，得出了奥地利家庭的物质投入与产出表。在物质投入上，国家层次的MFA和家庭层次上的MFA具有相似性，但因消费的物质成分不同，计算的内容有较大差异。家庭物质消费在相当程度上与生活消费方式有关，家庭物质减量不仅需要技术创新，更需要从文化和习惯上改善人类对非物质享受的满足感。

Weisz 等（2006）跨越一国经济系统，对欧盟 15 国 1970~2001 年的资源利用状况进行了物质流分析比较，发现欧盟成员国的人均物质消费在 12 吨（意大利和英国）到 37 吨之间（芬兰），国家之间的差距较大，国民收入和最终能源消费与物质消费具有线性关系，但不能完全解释不同国家之间物质消费的差别。

利用投入产出模型核算物质流在国外也有一定的发展，Bailey 等（2008）认为由于没有考虑到系统中的直接流和间接流，目前工业系统的物质循环指标不能有效地测算循环率。来自生态学的实物流模型分析法——投入产出流分析法，其开发的循环指标，可以纠正现存方法的局限性。投入产出循环矩阵不仅可以测算系统中直接和间接的物质流，还可以测算某些特殊的循环，以及间接流的效果。投入产出循环指标可以核算复杂系统的直接流和间接流的循环，而传统的矩阵则只能计算直接流的循环。利用投入产出流分析和矩阵探查自然系统和工业系统的基本区别和相似性将是未来研究的重点。

核算地区的物质流目前文献较少，Tachibanaa 等（2008）利用日本爱知县的投入产出表和统计数据，开发了估算区域物质流的方法，利用此方法估算了该县 1980~2000 年的物质流和环境指标，以此为基础估算了该县的资源消费指标和减量化指标以及相关的环境指标，得到了爱知县发展循环社会的程度。

物质流分析源于对环境问题的关注，可持续发展的深化研究促进了其发展和应用。在国外，物质流分析研究应用范围较广，但较多地应用于环境经济系统、产业和部门层面。企业和家庭（Household）的物质流研究较少，但已开始引起注意。物质流分析方法也在不断发展中，从传统的指标体系到投入产出分析法，方法在不断完善。

2. 国内对物质流的研究

国内关于物质流分析方法的运用只有十几年的时间，在吸收国外 MFA 研究与运用经验的基础上，我国宏观层面、产业部门、特定区域层面的物质流分析正在应用与完善中。

在宏观层面上，北京大学环境学院资源与环境地理系陈效述教授等是国内最早开展物质流分析研究的。2000 年，陈效述、乔立佳利用物质流的理论和方法分析了 1989~1996 年中国经济系统的物质需求总量、物质消耗强度和物质生产力。在上述分析的基础上，发现：①在经济取得巨大成就的同时，中国资源、环境的付出代价是巨大的，生态环境严重退化；②中国经济增长主要依赖国内资源消耗，人均物质需求量低于发达国家，但年人均国内物质需求量超过荷兰和日本；③中国的资源利用效率虽然有所增长，但与其他国家比较仍然较低，依旧是资源开发粗放型的经济模式。如果以我国目前的物质生产力为基础，到 2025 年和 2050 年资源利用效率只有分别提高 4 倍和 10 倍，才能与全球可持续发展对资源消耗的总控制目标相适应。随后，陈效述、乔立佳在"A Preliminary Material Input Analysis of China"一文中，同样运用物质流分析方法揭示了中国在 1990~1996 年间总物质需求、物质消费强度和物质生产力的特征，评估了中国经济高速增长的资源和环境代价，结论是随着社会经济的发展，中国的总物质需求、直接物质投入、物质消费强度稳步增长。2003年，陈效述等运用物质流分析方法，研究了我国经济系统在1985~1997年间的物质输入与输出，结果表明：物质输入与输出总量呈增长趋势；人均物质输入与输出的年均增长率明显大于同期人口的年均增长率，大气与土壤环境的污染在加速恶化；从消耗强度看，创造单位GDP的物质输入量和输出量均呈下降的趋势，反映出我国经济系统的资源利用效率有所提高。

为了研究经济系统对自然资源的消耗和需求，清华大学徐明、张天柱（2005）综合运用物质流分析方法和结构分解分析方法，对我国1990~2002年间的自然物质投入进行了分析计算。研究结果发现，虽然我国在1995~1999年间去物质化有一定程度的实现，与发达国家相比资源生产效率仍然较低，为了实现经济发展的去物质化，必须保持较低人口增长速率和大力提高技术水平，提高经济系统的资源生产效率和降低资源消耗强度。李刚等（2005）运用物质流分析方法，研究了1995~2002年中国经济系统的物质输入和输出特征，发现：①经济系统的物质需求总量和物质输出总量巨大，且增长迅速；②人均物质消耗量不高，接近日本和英国；③环境库兹涅茨曲线呈现倒"U"型，说明中国对资源的利用和污染排放已超过了环境的承载能力；④出口物资的巨大隐藏流是导致生态贸易赤字的主要原因。

北京师范大学戴静和陈彬（2010）用MAF法研究了2000~2007间中国化石能源——煤、石油和天然气的总物质需求，能源消费强度和资源生产率，结果发现化石能源的迅速增长源自国内矿物的生产大量增长、单一能源消费结构和过度依赖国内能源开采。

在区域层面上，清华大学徐明、贾小平等（2006）认为人类社会经济系统是自然生态系统中的一个子系统，研究经济系统物质代谢的数量和质量，是目前产业生态学的重点。通过对辽宁省1990~2003年间的物质代谢情况进行核算和分析研究，并与国内国际相关研究成果进行了对比，结果表明：辽宁省的经济增长严重依赖省内资源，高数量的自然资源消耗并没有换来高质量的回报。姚星期（2009）利用欧洲统计局提出的国家物质流核算方法和指标体系，调整形成了区域物质流核算框架及其指标体系，并将其应用于浙江省的环境经济系统中，构建了浙江省的物质流账户，对浙江省1997~2007年间的循环经济发展规模和结构特点进行了客观认识和评估。结果表明：为满足经济快速增长的需要，浙江省资源需求量持续增大，物质消耗强度不断加大，从而导致环境压力不断增大，虽然环境效率有所提高，但资源利用率没有提高。

沈万斌等（2009）运用世界资源研究所的物质流分析模型，分析了吉林省四平市的资源投入和污染排放的总量、结构、强度与人均规模的变化，分析结果表明：在1997~2005年间，四平市的经济社会发展主要依赖本地资源，生物量虽然稍有下降，但仍然是主要资源；人均资源投入量持续升高，资源投入强度缓慢提高，说明资源利用效率较低；污染物排放强度下降，人均污染物排放量急剧上升，说明城市生态环境压力巨大，污染物仍在持续提高，"高投入，高排放"的粗放型线性经济发展模式没有得到根本改变。四平市实现可持续发展的途径是发展循环经济，提高资源利用效率，降低废弃物排放。

黄晓芬等（2007）依据欧盟指导原则，利用物质流的理论和方法研究了上海市 1990~2003 年间经济环境系统的物质总需求和资源生产率。研究结果表明：①上海市的经济发展依靠的是巨大的资源消耗和环境退化；②上海市资源利用效率低下，资源生产率水平低于发达国家；③技术结构和制度能力影响了上海市物质总需求或者环境质量的提高。因此，上海市发展循环经济应该注重于输入端的减物质化和提高循环经济的技术研究与开发以及制度能力建设。

李晓君（2008）运用物质流分析法分析了山东省 2000~2006 年间的物质输入、输出、需求和排放情况，研究结果发现：在此期间，山东省的物质总需求、区内物质消费量、总物质输出持续增加；资源依赖外地进口，能源消费持续上升，环境污染严重；人均物质输入量持续提高，物质利用强度提高，经济发展严重依赖资源消耗。山东省仍然是粗放型经济发展，需要发展循环经济来实现可持续发展。

张音波等（2008）运用物质流分析法，利用 1990~2005 年广东省的数据分析了物质输入和输出情况。研究结果表明：①广东省物质输入与输出量均在不断增加，物质消耗强度和输出强度也在逐渐上升；②单位 GDP 的物质输入与输出均在不断降低，表明区域资源综合利用效率和废弃物输出效率得到明显提高；③物质输入、物质输出与 GDP 呈良好的线性关系，说明随着经济增长物质输入量和输出量将有增长；④技术水平限制区域过程排放。广东省正逐步走向环境与经济的协调发展。

在企业层面上，东北大学杜涛、蔡九菊（2006）建立了钢铁企业物质流、能量流和污染物流的分析方法，提出了钢铁企业生产过程和能源转换过程的数学模型，给出了工序能耗、产品能值和吨钢能耗表达式；同时考虑钢铁生产过程中资源消耗、产品生产和污染物排放等问题，提出了工序、产品和吨钢环境负荷分析方法和计算公式；分析了钢铁生产过程中影响上述指标的各种因素，研究了能量流、物质流和污染物流三者间的相互关系；应用建立的分析模型，研究和分析了我国钢铁工业吨钢能耗和环境负荷的变化与进步。

卜庆才（2005）运用物质流分析法分析了中国的铁流情况，采用定点物质流分析法和动态物质流两种方法，画出了两张翔实的 2001 年中国铁流图。并以此为基础估算出中国钢铁产品平均使用寿命略低于美国。中国的铁资源效率只有 0.93 吨/吨，远低于美国（2.47 吨/吨），原因在于近年来中国钢产量持续高速增长。

在公共工程项目层面上，天津理工大学沈威等（2006）基于公共工程项目特殊性的分析，运用物质流分析方法对公共工程项目的物质投入、利用及损耗情况进行跟踪分析，建立了公共工程项目的物质流分析跟踪模型，建立了相关的物质流管理指标，为公共工程项目的可持续发展提供了借鉴。

在研究方法和模型体系研究方面，东北大学陆钟武、岳强（2006）认为物质流分析的任务是明确与代谢物质变化有关的各股物质流的状况，以及它们之间的相互关系，提出了两种物质流分析方法，建立了物质流定点模型和物质流跟踪模型。人与自然环境所组成的系统可以分解为人的生产、物资生产与环境生产三个子系统，对这三个子系统的物质流分析是可持续发展研究的基础，北京大学王奇、叶文虎（2002）以此为基础根据质量守恒定律建立了一个封闭系统的物质流总量模型，对这三个系统内部的物质流动以及之间的相互关系做了分析，研究了人类经济系统中的各个变量对自然资源索取与废物排放的影响机理，提出了实现可持续发展的有效途径。

目前，分析一个国家的资源情况时最主要的方法是物质流分析法，也是许多国家采取的方法，清华大学刘滨等（2005）首先描述了日本循环型社会用 MFA 方法反映国家资源投入、废弃物产生和废弃物再生利用的模型。在此基础上结合我国国情建立了我国的循环经济指标体系，包括资源投入、循环利用、废弃物排放等主要指标。

有的学者用模型计算物质流的效益，李丁等（2007）在分析物质流核算基本思想的基础上，运用数据包络法选取物质流核算的相关数据和经济数据，计算了国内 19 个城市 2005 年的物质流效益。研究结果表明：中国物质流输入量所带来的经济效益低于欧美发达国家；因基础设施建设过多，多个城市的物质流流动规模十分巨大；物质流投入并不能带来同等的国内生产总值和财政收入。这些城市的经济增长仍然依靠固定资产投资，仍是粗放型的经济增长模式，发展循环经济，改变经济增长方式刻不容缓。

从以上的研究文献可以看出，物质流分析方法的产生发展虽然时间较短，但应用范围越来越广，从国家、区域、产业、企业到工程项目，不仅用于资源分析，也开始用于特定项目的评价——工程项目的评价。作为衡量资源利用效率和使用强度有效的方法，结合循环经济的特点，利用物质流分析的理论和方法，评价循环经济的物质利用和对节能减排的协同效应，对发展和深化循环经济理论与实践具有重要的意义。

从研究文献看，我国研究物质流所用方法都是国外成熟的方法体系，所用指标也借鉴了国外的指标体系，所用分析框架和模型基本是已经成熟的欧盟分析框架和模型。并且研究成果多在于实证研究，理论研究成果较少，无论是理论还是方法体系都缺乏创新，并且在运用方法体系时没有考虑中国的实际情况和技术水平，分析结果难免带有主观片面性。因此，我国的物质流分析应加强理论和方法研究，结合中国的实际情况和技术水平，探索适合中国国情的物质流分析方法体系，加强物质流和能源流的研究，为转变经济发展方式提供有力的理论依据和实证分析数据。

（二）循环经济与物质流分析

循环经济模式是经济界、环保界等学者对传统经济发展模式反思的结果，其目的是改变现有的线性物质流模式，提高资源和能源的利用效率，形成能源高效利用和资源循环利用的物质利用模式。循环经济强调从源头上减少资源消耗，有效利用资源和循环利用废弃物资源，减少污染物排放，谋求以最小的环境资源成本获取最大的社会经济和环境效益，并以此来解决长期以来资源短缺、环境保护与经济发展之间的尖锐矛盾。

物质流分析的核心是对社会经济活动中物质流动进行定量分析，了解和掌握整个社会经济系统中物质的流向、流量和规模，通过对物质流动方向和流量的调控，提高资源的利用效率，缓解经济系统对自然生态系统的压力（高昂，2010）。从分析内容上看，物质流分析内容主要包括三个方面：统计和核算进出经济系统的物质流规模和种类，分析经济系统的物质使用、消耗强度，分析影响经济系统的物质流流动路径的因素。这些分析内容恰好能为循环经济的物质效率评估提供实质性的支撑。

循环经济模式与传统线性经济模式的最大差别在于物质流方

式和物质流动方向不同。加强物质流分析和调控是发展循环经济的关键。运用物质流分析方法，可以对循环经济模式与传统线性经济模式的物质流动效率进行监测分析，因此，物质流分析方法可以作为循环经济模式的物质流动效率评价的重要技术手段。

高昂（2010）在其博士学位论文《循环经济物质流特征与流动规律研究》中指出运用物质流分析，可以为实现社会经济活动中物质投入和废弃物的减量化提供重要的管理信息，这是循环经济的核心。减少物质消耗总量，提高资源产出效率，促进废弃物的再资源化和再利用，延长资源的使用寿命，减少最终废弃物排放的数量。同时，物质流分析模型中的物质输入、物质输出和生态效率等指标可以为制订循环经济发展规划、建立循环经济指标体系提供数据依据。

李小枅和李汉平（2008）运用循环经济理论和物质流原理，建立了环境经济系统和循环经济系统的物质流模型，并利用模型中各段物质流之间的质量平衡关系，讨论了满足环境经济系统界面可持续约束条件下经济系统内部物质流动必须遵循的若干基本规律。通过对模型的分析研究，得到以下结论：①实现经济系统物质流动可持续的充要条件是其物质流动必须满足环境经济系统界面的可持续约束条件；②为实现经济系统物质流的可持续，必须通过减少经济系统自然稀缺性资源的消耗速率和废弃物排放速率；③实现环境系统与经济系统之间物质流动的可持续性，既取决于生产过程也取决于消费过程，二者缺一不可；④循环经济核心原则至少应增加 Raise 原则（即提高生产过程的物质累积在整个物质产品结构中的比例，以及增加消费过程物质总输入在消费过程中的物质累积比例）。

高昂（2010）研究了循环经济发展中的物质流特征与流动规律，在其博士学位论文《循环经济物质流特征与流动规律研究》中建立了时滞影响下的中短期循环经济物质流单循环模型，并利用模型中物质流之间的质量平衡关系对物质运动规律进行了分析，得出结论是：第一，循环经济的减量化原则由总量减量化、平均量减量化和边际量减量化三个层次的减量化内容构成，减量化的变化规律在工业化阶段、循环经济初级阶段和循环经济高级阶段中变化显著；第二，在不同的社会经济发展阶段内，资源投入量与废弃物排放量之间的数量匹配、时间匹配与总量变化规律表现差异巨大；第三，根据物质流的功能、特性和流转方式，可以将物质流归纳为主干物质流、交换类物质流和循环物质流三类，其中主干物质流又可以分为原料产品类物质流、生产物质累计量物质流，不同种类的物质流特征与流动规律显著不同。

二、价值流分析

物质流分析只能提供实物信息，对不同计量单位的物质只能以重量为统一量纲进行核算，无法反映不同物质之间的经济价值差别，因而难以直接反映循环经济的经济效率。企业作为循环经济主要的执行者，更需要以货币计量为主评价企业循环经济的经济成果，包括财务成果以及环境业绩所带来的财务影响。这就需要用价值流分析法对物质流分析法的弊端进行弥补。价值流分析法是在物质流分析的基础上，结合会计学理论和环境成本会计，根据物质流的流量和流向，记录、追踪和分析企业所使用资源的价值流信息。

德国最早开始从材料流成本会计角度对循环经济价值流进行确认和计量。斯蒂芬·伊尔勒和马科斯·斯卓勃认为,材料和能源流转形成了企业成本的最大部分,这些要素连同人力、土地和技术资源的投入最终形成产品的价值。因此,应该从企业材料和能源流转中寻找环境压力减轻和经济效率之间联系的基础(谢志明、易玄,2008)。

企业循环经济的核心内容是提高资源的有效利用和减少废弃物的排放,要求企业在生产经营中贯彻 3R 原则和产品安全与废弃物排放的无害化原则,从资源的投入、生产到输出,都要做到以尽量少的资源消耗获得最大的效益,并减少废弃物的排放。因此企业实施循环经济战略实际就是一项资源的管理活动。肖序和湛晔林(2007)认为价值流分析法为这项管理活动提供了详细的数据支持:第一,价值流分析法为企业提供了生产经营过程中从资源投入到资源输出的全部情况。利用物质平衡原理,企业可以全部地掌握生产过程中的所有资源流转情况。通过价值流分析模型将循环经济的 3R 原则与企业生产经营的各个阶段有效地结合起来,加强资源管理,提高资源利用效率。第二,价值流分析法不仅提供资源的流向信息,而且在各个阶段都从成本的角度分解资源的流量和流向,形成价值流。企业在生产经营中形成的这些成本直接计入企业的损益,与企业的经营业绩相关,同时也清楚地表明了企业造成环境负荷的根本原因。

价值流分析模型的建立不仅可以考察和评估企业各个环节以及整个企业伴随物质流而发生的经济效率变化情况,还可以找到问题发生的原因和具体位置,发现解决问题和改善企业经营业绩的契机。可见,价值流分析是建立和评价企业循环经济实施效果的重要技术支柱，可以有效地评价企业循环经济的实施状况。

毛建素、陆钟武（2003）在产品生命周期基准流图基础上，结合经济学的价值理论，把单位质量的元素 M 具有的价值定义为元素 M 的"价位"，建立了产品生命周期中物质循环流动的价值流分析图。周志方、肖序（2009）在物质流分析的基础上，构建了流程制造型企业的资源价值流转四大模型：价值核算模型、价值分析评价模型、价值流转的因子联动分析模型和价值流转的螺旋循环管理模型。价值核算模型描述生产过程的资源投入、消耗、产出及废弃物的价值信息；价值分析评价模型分析评价资源的投入产出经济效率、环境效率等；价值流转的因子联动分析模型能揭示企业内部资源价值流的变化规律及其相互关系；价值流转的螺旋循环管理模型能实现企业资源、能源消耗与经济效益、环境负荷的动态优化与协调，为企业环境管理、资源流转优化、提高经济效益及可持续发展提供决策支持。企业资源价值流模型的建立为企业优化管理，推进价值流的研究和应用，对价值流分析方法的推广具有重要意义。

肖序和熊菲（2010）认为"资源价值"是一种"经济—环境"大系统的价值概念，不仅包括现行会计系统中的价格、成本、收入等，而且还包括物质流对环境系统的损害价值。通过计量这种环境损害价值（即由社会或其他个体承担的"外部成本"），可客观合理地评价循环经济的真实效益。在循环经济物质流的基础上，采用会计学的成本、收入、利润及资产计价理论以及环境成本理论，提出了循环经济价值流的理论和方法体系，建立了循环经济价值流的核算方法和评价体系以及流程制造业价值流的应用流程体系。

与物质流分析相比，价值流的分析和应用成果较少。一个原因是资源的计价问题，目前我国不是完全的市场经济体制，资源的价格扭曲，难以真实反映其价值，为了反映资源真实的价值，学者之间的观点和采取的计价方法不甚相同；另一个原因是环境成本的估价问题，由于环境污染的外部性，对环境成本的计价方法和内容以及如何内部化有不同见解。但与物质流分析比较，价值流分析与企业财务会计核算更接近。把物质流分析与价值流分析紧密结合起来，既可以分析企业循环经济的资源利用效率和环境效应，也可以分析循环经济引起的财务经济变化。

第三节 协同学理论及其应用

协同学（Synergetics）主要研究开放系统中无序和有序之间相互转变的规律和特征，这一学科跨越自然科学和社会科学两大学科。20世纪70年代，德国斯图加特大学教授赫尔曼·哈肯（H.Haken）在研究激光的过程中发现自然系统和社会系统均是由无序转化到有序的，而且其演化过程也是相似的，于是总结提出了协同学理论。因为协同学理论在自然系统社会系统客观存在并发挥作用，协同学理论在众多的领域得到了广泛应用。

一、协同学理论简介

"协同学"一词源于古希腊语,本意是协同作用的科学,即关于系统中各个子系统(或个体)之间相互合作、相互竞争的科学。赫尔曼·哈肯教授称协同学为"协调合作之学"、"协同工作之学"。由于协同学建立在自然界十分普遍的基本原理上,使人们能够利用它来理解完全不相同的系统所经历的质变,因此在各个领域得到了广泛应用。协同学与法国著名数学家勒内·托姆(Rene Thom)提出的突变理论和比利时学者伊利亚·普利高津(Ilya Prigogine)提出的耗散结构理论一起被人们誉为20世纪的前沿理论。

哈肯教授认为,协同学是一门横断科学,它研究系统中子系统(或个体)之间相互合作产生宏观的空间结构、时间结构或功能结构,它既处理确定过程又处理随机过程。在赫尔曼·哈肯编著的《高等协同学》一书中,赫尔曼·哈肯描述了协同学的任务,"协同学是研究由完全不同性质的大量子系统(诸如电子、原子、分子、细胞、神经元、力学元、光子、器官、动物乃至人类)(或个体)所构成的各种系统。协同学研究这些子系统是通过怎样的合作才能产生宏观尺度上的空间结构、时间结构或功能结构。我们尤其要集中研究以自组织形式出现的那类结构,从而寻找与子系统性质无关的支配着自组织过程的一般原理"。这里所说的空间结构、时间结构或功能结构就是自组织。

二、协同学理论的起源和发展

协同作用的概念是哈肯教授在研究激光的过程中,发现其内部有许多合作现象而提出的。哈肯把在激光研究中看到的典型现象与其他物理学、化学、生物学、生态学、经济学和社会学中的典型现象进行类比分析,通过与热力学中的平衡相变的类比分析,发现自组织系统从无序到有序的演化,都是大量子系统之间协同作用的结果,都可以用类似的理论方案和几种数学模型进行处理,与子系统的性质无关。1977 年,哈肯正式提出了协同的概念,《协同学》一书的出版,标志着协同学的正式建立。

哈肯最初认为协同学只用于研究一个非平衡的开放系统在宏观上是如何形成自组织的。但有些相变不仅仅是达到时空有序。随着研究的深入,哈肯又研究了功能有序和系统的不规则运动,即混沌现象,并先后把研究过程和结果发表在两篇论文中,研究结果表明,外参量的变化可以使系统从混沌走向有序,再从有序走向混沌。同时,运用协同学也可以研究宇宙系统,用协同理论解释宇宙的现象和运动。也就是说,不管什么层次上的系统,只要是开放系统,就可以在一定的条件下呈现出非平衡的有序结构,就会出现变化,这都可以成为协同学的研究内容。

可见,协同学是一门在普遍规律支配下的有序的、自组织的集体行为的科学,研究的是自然界和社会中的系统。所有的系统都可以分为若干个子系统,这些系统或子系统的类型可以是多种多样的,它们的结构、特性和行为都不是其子系统的结构、特性和行为的简单或机械的总和(王贵友,1987)。在一定的条件下子系统之间往往是协同作用的，好像是有调节的、有目的的、自己组织起来的。而子系统之间的协同作用受相同原理的支配，与子系统的性质无关（孙玲，2009）。

三、协同学主要研究内容

（一）协同学的基本概念

协同学在形成和发展过程中引用和创造了一些概念。

1. 序参量

复杂系统演化的过程中有数个变量，有快变量和慢变量之分，其中慢变量左右着系统的演化，决定着演化结果出现的结构与功能，这就是哈肯从朗道（Landau）的平衡相变理论中借鉴的表示系统有序度的序参量。序参量是子系统运动的结果，来源于子系统之间的协调，支配着子系统的行为，描述系统的宏观有序度或宏观模式。序参量描述系统在时间的进程中会处于什么样的有序状态，具有什么样的有序结构和性能，运行于什么样的模式之中，以什么模式存在和变化等。序参量是为了描述系统整体的有序性或宏观模式而被引入的（王贵友，1987）。系统从无序向有序转变的过程就是序参量的变化过程。系统可以自发产生序参量，或者在系统临界状态时人们按照自己的目的有意识地选择、培育序参量。

2. 绝热消去法

为了得到只含有一个或几个参数的序参量方程，使方程中消去大量的快变量，哈肯采取了统计物理学中的绝热消去法。令快参量对时间的导数等于零，然后将得到的关系代入其他方程，从而得到只有一个或几个慢参量的演化方程——序参量方程，这个处理过程就是绝热消去法。这种方法是协同学降低基本方程维数，降低方程自由度或消去大量变量的基本方法之一。绝热消去法的作用就是寻找序参量，而序参量一旦找到，系统的动力学过程的自组织机制就基本清楚了。

3. 协同作用

协同作用是指系统内部各要素或各子系统相互作用和有机整合的现象。在此过程中强调系统内部各个要素（或子系统）之间的差异与协同，强调差异与协同的辩证统一必须达到的整体效应。协同有两种含义：一是序参量与其他参量之间的合作关系或联合作用；二是序参量之间的合作关系或联合作用（王贵友，1987）。

一个系统中的子系统与外界不断地进行物质与能量的交换，当外界参量发生改变并通过耦合关系使系统内的参量发生改变也达到某个临界值时，系统就会产生不稳定性。这时各种子系统及其参量就可能产生多种模式，由于各个子系统所受的力和所起的作用不同，并为建立自己的模式进行激烈的竞争，最终总有一个或几个序参量在竞争中获胜并保留下来，变成起支配作用的内部力量。这样序参量和其他参量的役使和合作关系便形成了。这是一般情况下的序参量和其他参量的合作关系，还有一种就是，由于外参量的改变，系统的子系统及其参量中又会产生出一种新的模式或新的序参量，后者一旦形成又反过来支配和役使所有的子系统及其参量。随着外参量的不断变化和新的不稳定性的出现，这种过程会周而复始地进行，构成了产生新结构的循环过程。这就是协同的第一种含义。有一些系统,几个慢变量同时存在。它们不仅与其他参量或模式剧烈抗争,它们之间也发生抗争。在势均力敌的情况下,几个序参量彼此之间相互妥协,达到某种联合或合作的势态,共同控制整个系统的有序化程度和结构的形成,使整个系统形成协同一致的局面。这是协同的第二个含义。

(二) 协同学主要理论

协同论根据普遍联系和运动的绝对性观点,通过对不同的领域所存在的客观现象和事实的分析,以系统论、信息论、控制论、突变论等现代理论为基础,运用统计学和动力学相结合的方法,通过对物理和化学等不同领域的分析,建立了一系列的数学模型并提出了处理方案。从微观到宏观的过渡上,描述了各种系统和现象在无序和有序之间转变的共同规律和特征。

1. 协同效应

协同效应是指系统由于协同作用而产生的结果,是各种系统中大量子系统相互作用而产生的大于各个子系统单独作用的总和。协同作用存在于任何千差万别的自然系统或社会系统中。系统有序结构的形成依靠协同作用,协同作用是一个系统得以形成并赖以生存的动力。任何一个复杂开放的系统,当在外来能量或力量的作用下或内部参量达到某种临界值时,子系统之间就会产生协同作用。这种协同作用能使系统在临界点发生质变时产生协同效应,使系统从无序变为有序和稳定结构,使整个系统形成协同一致的局面 (白列湖,2007)。

2. 役使原理 (又称支配原理)

役使原理是协同学的基本原理,是指序参量支配子系统的行为，序参量是系统中的慢变量，慢变量决定快变量。它从系统内部各种因素之间的相互作用方面描述了系统的自组织过程。其实质在于规定了临界点上系统的简化原则——"快速衰减组态被迫跟随于缓慢增长的组态"，即系统在接近不稳定点或临界点时，系统的动力学和突现结构通常由序参量决定，而系统其他变量的行为则由这些序参量支配或规定，正如哈肯所说，序参量以"雪崩"之势席卷整个系统，掌握全局，主宰系统演化的整个过程（白列湖，2007）。

3. 自组织理论

自组织是指系统内部子系统之间能够按照某种规则自动形成一定的结构或功能，具有内在性和自生性的特点，是系统本身具有的能力（白列湖，2007）。描述自组织的过程称为自组织理论。自组织现象无论在自然界还是在人类社会中都普遍存在。一个系统自组织功能越强，其保持和产生新功能的能力也就越强。自组织具有开放、合作和随机的特点。只有开放系统才能实现非平衡相变。合作是一切相变的基础。自组织过程就是协同作用的过程，自组织结果是协同作用的结果。

四、协同学理论的应用

由于经济社会的迅速发展，资源日益匮乏，环境不断恶化，人类面临的问题趋于复杂，复杂性科学的研究与发展成为各个领域的专家和学者们的关注对象。协同学作为系统科学的一个重要分支，是一门以研究完全不同学科中共同存在的本质特征为目的的系统理论，因而成为构造各类系统的理论基础和解决复杂性系统问题的方法之一。协同学理论不仅用于物理学、化学、生物学和生态学等自然科学，还可用于社会学、经济学、心理学和行为科学等学科，用协同学理论来解决社会经济发展中的复杂问题更是具有重要的理论意义和现实意义。本书主要介绍其在经济学和管理学等方面的应用。

在管理学界，主要把协同学理论用于企业的并购和战略管理。2000年，英国战略管理专家安德鲁·坎贝尔等在《战略协同》一书中说："一般来说，协同就是'搭便车'。当从公司一个部门中积累的资源可以被同时且无成本地应用于公司的其他部门的时候，协同效应就发生了。"在企业经营中，购并的协同效应是企业经营者关注的焦点。马克·L.赛罗沃（2000）在其专著《协同效应的陷阱——公司在购并中如何避免功亏一篑》中对协同效应定义为"合并后的公司在业绩方面应当比原来两家公司独立存在时曾经预期或要求达到的水平高"，协同效应一定代表了超过市场原先预期水平的业绩改进。赛罗沃还提出了协同效应产生的基本条件：战略透视、经营战略、系统整合、权利和文化，四个基本条件缺一不可；如果购并时，缺少任何一个条件，协同效应都将会成为负数。

徐杰（2003）认为协同效应是"一种1+1>2的效应，即并购后两个企业的总体效益（价值）大于两个独立企业效益（价值）之和的部分"，并购的协同效应来自三个方面：一是经营协同效应，二是管理协同效应，三是财务协同效应。经营协同效应主要是指并购使企业生产经营效率提高从而产生效益，具体表现为规模效益的增加。管理协同效应是指当两个管理水平不同的企业发生并购之后，合并企业将受到管理水平高的企业的影响，表现出大于两个单独企业管理能力总和的现象，其本质是一种合理配置管理资源的效应。财务协同效应是指并购给企业在财务方面带来的种种效益，例如规模不同的企业税率不同，合并后企业税率的变化带来的收益，合并企业因资金成本降低带来的收益等。丁圆圆（2009）在分析并购的协同效应类型的基础上，介绍了协同效应的一般测定方法，研究了企业并购后的协同效应，对于协同效应的影响因素进行了探讨，印证了并购动因是决定并购成败的重要因素。

唐海丹（2003）认为将协同理论应用于物流，将有助于人们了解和分析物流系统，提高物流系统的运作效率，促进生产企业发生质的变化，提高盈利水平。但是，物流领域内的物质流动、存储、管理协调和信息流动如何与协同学结合是有待解决的问题，需要根据具体的实际情况进行深入分析，将理论与实践结合起来，因地制宜，具体问题具体分析。

韩伯棠等（2004）在分析企业内部存在的四种协同模式（销售协同、运营协同、投资协同和管理协同）上，提出通过有效地整合战略资源实现资源协同效用，可以实现企业的可持续发展。

白列湖（2007）在介绍协同理论的基础上，着重论述了协同论引入管理研究的可能性和必要性，以及协同论引入管理研究后形成的管理协同理论的主要研究内容，提出了管理协调的基本原理、实施管理协同的条件和管理协调机制的构成以及运行方式。

鞠雷和李宇兵（2009）重新定义了循环经济的概念，认为循环经济理论指导下的县域经济协同发展是指县域经济内在性、整体性和综合性的发展聚合，以达到一种县域内外高度和谐的协调发展高级阶段为最终目的。提出了评价县域经济协同发展的指标体系和评价方法，建立了县域产业协同发展成熟度评价模型，评价了社会、经济、科技和环境四个方面的协同发展程度。结果表明，利用基于循环经济的县域经济协同发展成熟度模型，不仅有利于各县根据自身具体的发展情况制定相应循环经济措施，也有利于在发展的过程中评价前期工作纠正偏差。

龙妍（2009）运用自组织理论研究了大系统中物质流、能量流与信息流的协同机理和协同形成机制，构建了大系统中物质流、能量流与信息流的协同控制方案和协同评价模型，并把研究结果用于钢铁行业的演化研究，研究了钢铁企业物质流、能量流和信息流变化，根据协同评价模型的评价结果，钢铁企业将会走向信息化、绿色化和生态化。

靳景玉、刘朝阳（2006）运用协同学理论和模型，以城市联盟的价值作为城市联盟系统的序参量，分析了城市联盟演化的内在机理，结果发现联盟城市的价值存量越大，联盟后系统价值增长的潜能就越大。彭澎、蔡莉（2007）运用协同学理论建立了高技术产业集群生成过程的协同学概念模型，分析了影响高技术产业集群生成的主要因素，即区位禀赋、产业特性、市场需求、企业家和机遇。张波（2010）在分析影响中小企业创新的原因后，提出了协同创新的概念，研究了协同创新具有的四个特征，针对影响创新的原因提出了中小企业的协同创新模式：企业间协作模式、产学研结合模式、国家协同创新系统模式。

易丰等（2008）根据协同理论，以互补、互动、互利、互赢为发展原则建立了广西桂林泛漓江旅游区发展战略的构想，以实现跨区域、跨部门、跨行业的合作，推动广西经济实现跨越式发展。

可见，协同学理论在社会经济领域已有广泛的应用，不仅用于管理学，还用于创新机制研究、区域的协同发展等。但研究循环经济的协同效应目前还没有相应的文献出现，本书利用物质流和价值流的分析方法，应用协同学理论研究循环经济的协同效应。

第三章　循环经济协同效应理论

循环经济协同效应理论是循环经济理论与协同理论的交叉，是经济系统与资源环境系统相互作用的表现。本章首先从自然科学、经济学和生态学三个角度论述了循环经济协同效应的内涵，其次阐述了循环经济理论和协同理论的交叉，以及循环经济协同效应理论，最后从物质流和价值流两个角度核算循环经济的协同效应。

第一节　循环经济协同效应

一、循环经济协同效应的概念

根据协同理论，自由竞争的市场经济可以是一个复杂开发、基于政府规制的自组织系统。各种层次上的经济单元，无论是同一生产线上的不同工艺环节，还是企业或工业园区，都是组成该系统的不同层次上的子系统。由供需关系决定的价格是一只"无形的手",自动调节各种生产要素的流动和组合,使经济子系统之间产生协同,形成协同效应。当市场经济实现均衡时就形成了自组织意义上的有序结构。

同理,可以将循环经济所涉及的社会经济系统看成是一个复杂的大系统。其中,经济子系统由微观、中观和宏观层面上的经济主体组成,社会子系统则包括人群、生态和环境(本书认为生态和环境问题也是社会问题,因此将生态和环境放入社会子系统中)。经济子系统的生产经营活动(对自然资源的消耗导致资源枯竭,排放大量废弃物导致生态恶化和气候变化)对于经济子系统来讲是负外部性,也对社会子系统造成了不利的冲击,将使各子系统和整个大系统产生涨落机制,打破了原来自组织意义上的有序结构。在这种情况下,经济子系统的自组织过程不仅仅受到系统内各种生产要素运动的影响,还受到环境提供的自然资源的能力、环境对经济子系统排放废弃物的吸纳能力、环境对生态与气候变化的自调节能力、人类应对环境和气候变化的能力等社会子系统的各种因素的影响。经济子系统内的每个子系统,都必须根据社会子系统的变化进行调节,从而使各子系统与社会经济大系统向新的有序平衡状态发展,这一过程是子系统间相互协同的过程。在此过程中将产生新的有序结构即自组织的市场经济结构,而子系统间将产生新的协同效应,从而使社会经济大系统产生新的整体均衡。

在经济发展的初级阶段,经济活动对环境产生的干扰和影响较小,生产经营活动排放的废弃物能够通过环境的自净和恢复功能吸收,经济发展与环境之间没有明显矛盾,这时,即使不采取循环经济模式进行生产和消费，社会经济大系统仍然能够处于一种经济、社会与环境有序平衡的结构，经济子系统处于无须外力规范的一种自组织状态。但当经济发展到一定阶段，环境逐渐恶化，自然资源和环境容量成为稀缺物品，不加控制或不改变经济发展模式，资源匮乏和环境恶化将使人类发展经济的目标异化，对人类的生存形成严重威胁，甚至走向崩溃。为了实现人类的发展目标，循环经济模式应运而生。

循环经济模式改变了经济子系统的发展方式，这种改变包括在作为使用价值的物质资源开采、生产、消费、变为废弃物、回收再资源化的全过程中，通过源头减少资源消耗、过程实施清洁生产、废弃物再使用和再生利用等一系列以提高资源利用效率、促进环境保护为目标的经济循环转型措施。这时将产生循环经济协同效应，即以提高资源利用效率、促进环境保护为目标的循环经济措施使社会经济系统的子系统之间通过物质流、能源流和信息流的相互作用和影响，在社会经济系统的子系统之间产生协同作用，影响社会经济系统的资源效率、价值效率、环境效率，形成资源、经济、生态三重意义上的有序结构。

社会经济系统内、子系统间的物质流、能源流和信息流的互动主要发生在两个层次上。一是在社会经济系统的经济子系统内，通过梯级循环利用一次能源和回收利用废弃资源能源，使经济系统的物质流和能量流在经济活动的生产、交换、消费、流通各个环节实现减量化，减轻经济子系统自然资源供给的压力；二是通过生产、交换、消费、流通各个环节产生的废弃物回收和再生利用，使物质流和能量流发生逆向循环流动，降低经济子系统向生态环境子系统的污染物排放强度，使生态环境子系统有能力实现自修复。这两个相互作用实现后，社会经济系统可以持续保持在基本均衡有效状态，也就是实现经济社会的可持续发展。

二、循环经济协同效应形成机理的数理分析

利用数理模型可以更好地解释循环经济协同效应的形成机制。假设有两个经济主体，企业 A 和企业 B。在没有政府、环境和资源规制下，市场是自由竞争，企业 A 和企业 B 都是自组织结构。

企业 A 的生产函数为：

$Q_A = Q(I, r, M_A, P_A, W_A)$

其中，Q_A 是企业 A 一般水平的产出，I 是劳动力 L_A 的价格，r 是资本 K_A 的价格，M_A 是一次资源投入，P_A 是一次资源的价格，W_A 是企业 A 所产生的废弃物，且

$W_A = W_A(Q_A, T_A)$

即企业 A 所产生的废弃物 W_A 与企业 A 一般商品的产出和企业 A 的技术水平有关。

企业 B 的生产函数为：

$Q_B = Q(I, r, M_B, P_B, W_B)$

其中，Q_B 是企业 B 一般水平的产出，I 是劳动力 L_B 的价格，r 是资本 K_B 的价格，M_B 是一次资源投入，P_B 是一次资源的价格，W_B 是企业 B 所产生的废弃物。

在循环经济模式下，企业 A 和企业 B 采取资源减量化措施，能够减少一次资源 M_A 和 M_B 的投入量，采取废弃物综合利用措施时，将使企业 B 的资源投入 M_B 来自于企业 A 的废弃物。即：

$$M_B = X \times M_A, \text{ 且 } X = \begin{pmatrix} 0, & \text{if} P_{W_A} > P_{W_B} \\ 1, & \text{if} P_{W_A} < P_{W_B} \end{pmatrix}。$$

其中，P_{W_A} 是企业 A 产生的废弃物的价格，P_{W_B} 是企业 B 的原料价格。假定市场为自组织状态下的自由竞争市场，能够满足 $P_{W_A} < P_{W_B}$ 的条件，则企业 B 将主动采用企业 A 的废弃物作为自己的资源投入，替代和减少企业 B 一次资源的投入。企业 A 与企业 B 之间就形成了自组织意义上的协同，产生循环经济协同效应，在减少企业生产资源投入量的同时，减少废弃物的排放。

假定市场为自组织状态下的自由竞争市场，不能够满足 $P_{W_A} < P_{W_B}$ 的条件，要使企业之间在废弃物综合利用方面形成协同，产生循环经济协同效应，则需要政府采取环境规制措施，或增加一次资源 P_{W_B} 的价格，或增加废弃物排放的价格，使废弃物作为资源的市场价值降低，降低 P_{W_A} 的价格，以此来满足 $P_{W_A} < P_{W_B}$ 的条件，从而使企业 A 与企业 B 之间形成他组织意义上的协同，产生循环经济协同效应，则企业 B 将采用企业 A 的废弃物作为自己的资源投入，替代和减少企业 B 的一次资源投入，在减少企业生产资源投入量的同时，减少废弃物的排放。

在现实经济活动中，企业 A 和企业 B 可以被揭示为任一水平上的经济主体，可以是同一生产线上的两个不同的工艺环节，可以是两个企业，也可以是两个工业园区或两个区域，其循环经济协同效应的产生机制是相同的。

三、循环经济协同效应的科学内涵

循环经济协同效应因物质循环流动过程的外在表现形式发生变化而有其自然科学内涵,因物质在生产、消费、排放、循环利用的不同环节的不同处理方式具有不同的"经济性"而有其经济学内涵,因物质在经济过程的循环方式不同而使生态环境发生不同变化而有其生态学内涵。

(一)循环经济协同效应的自然科学内涵

循环经济的外在表现形式是对具有使用价值的各种物质资源按照其物理的和化学的特有性质进行高效安全循环利用。为了实现对物质资源以最高的效率安全循环利用,必须按照生态学原理科学配置资源、以最高效率的技术手段利用各种资源、以最高的环境效率和最安全的方式处理和循环利用废旧资源。循环经济通过物质资源在经济过程中的不断循环流动,使废弃物不断被再次利用,减少了向自然界排放的污染物,同时也减少了自然资源的开采。这使得在经济系统物质流量不断持续增加的情况下,经济系统与自然系统之间的物质流通量较少增加,导致人类经济增长对自然资源的依赖程度降低。这一循环经济的特殊本质特征,对以自然科学为基础的技术研究与开发形成了持续的协同拉动作用,也是循环经济协同效应的自然科学内涵。

经济系统中的物质循环流动过程的自然科学机理是,与物质资源的消费、产品的生产和使用相伴随,物质资源的一系列物理属性和化学属性发生变化;物理的和化学的属性变化使得产品的使用功能衰退，最终会由于其物理和化学功能不再满足社会使用要求而成为废弃物。循环经济模式要求把这些废弃物经过回收处理，使其在物理和化学性能方面成为符合再利用标准的资源，再次进入生产和消费过程。在产品的生产和制造及使用过程中，伴随着能源的大量消耗，废弃物中也就蕴含着能源，其再次进入生产和使用过程，也就减少了能源的消耗。这一过程能否实现，取决于基于自然科学原理的技术手段能否满足需要。即"资源—产品和服务—消费—废弃物—再生资源"循环流动过程的自然科学现实性，也就是技术可行性。

例如，钢铁是通过开采铁矿石，经过复杂的处理和冶炼技术转变成为各种钢材，生产过程需要消耗大量能源和水，利用钢材的物理和化学属性，将其制造成各种各样的产品用于消费使用。一旦钢铁产品由于金属物理疲劳发生磨损、变形和断裂等物理功能衰退，或因化学腐蚀而使其功能衰退，就变成了钢铁废弃物。对钢铁生产过程中产生的各种废水、废渣、废气进行回收处理使其在钢铁生产过程中不断被循环利用，不仅可以节约新水等初始资源的使用量，还减少了向自然界排放的污水和固体废弃物量；把因物理和化学功能失效而变为废钢的钢材制品回收或再制造循环利用，因为废钢本身含有生产钢材所消耗的资源和能源，比生产新钢材减少了复杂加工过程，会节约大量资源。但所有这些过程能否实现，都取决于基于自然科学的技术手段能否实现。

（二）循环经济协同效应的经济学内涵

中国经济体制被定义为社会主义市场经济，在社会主义市场经济系统内，针对废弃物管理和综合利用的资源利用子系统发生变化，引起了其他子系统和整个经济系统的协同效应。

在自然科学层面上，循环经济的外在表现形式是具有使用价值的物质资源按照其物理的和化学的特有性质在经济领域被高效安全地循环利用。在市场经济体制下，这种在自然科学基础上的物质循环利用，必须在经济上具有可行性，或者说这种循环利用物质资源的活动必须为其主体带来经济上的收益。

在经济方面，循环利用废弃物可能有三种情况发生。

第一种情况是，由于技术创新，使得利用废弃物资源具有比利用新资源更低的成本，更高的比较利益。在这种情况下，循环经济对经济系统自动产生效率提升的协同作用，在经济系统外部没有任何条件变化的情况下循环经济也可以自发地可持续发展。经济系统在其外部没有任何条件冲击或指令规制的情况下，也可以通过市场经济的自组织，自发地可持续发展。

第二种情况是，由于技术条件限制，对废旧资源进行循环利用成本较高，与利用新资源相比循环经济具有比较劣势；但是，经济系统外部对废旧资源（对环境来说是污染物）排放进行了规制，使得排放具有较高成本，对废旧资源进行利用减少了排放成本。由于排放成本的减少可以弥补循环经济的成本比较劣势，在外部规制持续存在的情况下循环经济可以持续发展。此种情况下，循环经济是被经济系统外部规制协同而存在的，也是经济的外部环境成本内部化的协同结果。需要对经济系统外部环境实现一定的规制，使市场经济通过适当的他组织，促进循环经济的可持续发展。

第三种情况是，由于技术条件的限制，即使经济系统外部对废旧资源（对环境来说是污染物）排放具有持续的规制，但由于对废旧资源进行循环利用的成本过高,规制决定的排放成本节约无法弥补循环利用的成本比较劣势。这种情况下的循环经济在经济学上是不可行的,而且对于经济系统来说是熵减过程,呈现循环不经济状态,无协同作用发生。也就是说,他组织和自组织都无法实现。

例如,循环经济的实施,降低了污染治理成本,提高了治理比例。如图 3-1 所示,在非循环经济模式下,污染治理成本是 TC_1,收益是 TE_1,边际成本曲线是 OL_1,边际效益曲线是 T_1C,E_1 点是污染预防或治理的经济效益与成本的均衡点,如果进一步提高治理污染的程度,则治理难度上升,根据边际收益递减规律,边际成本上升,边际收益下降,在经济上是不合算的。

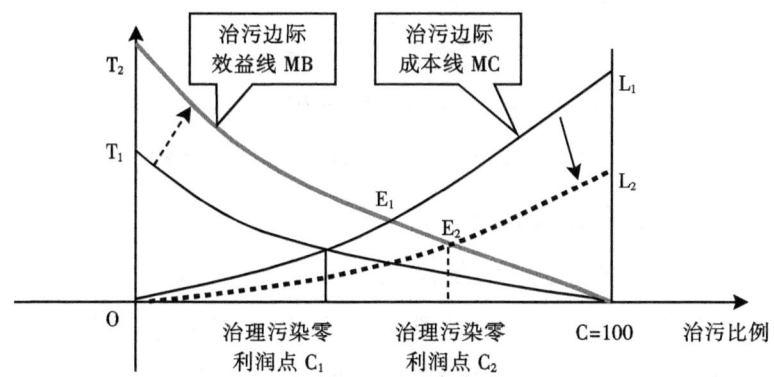

图 3-1 循环经济治理污染成本效益分析

循环经济模式下,循环利用技术的创新,导致废弃物的循环利用获得了部分收益,从而降低了污染治理成本。循环经济模式下的污染治理成本是 TC_2,收益是 TE_2,边际效益曲线是 T_2C,边际成本曲线是 OL_2,此时 E_2 点是污染预防或治理的经济效益与成本的均衡点。传统经济模式和循环经济模式污染治理成本和收益的关系式，$TC_2=TC_1-RC$，$TE_2=TE_1+RE$，RC 是废弃物排放量降低导致的污染成本下降量；RE 是循环利用资源带来的收益。

边际成本曲线：

$$OL_1 = (TC_{1t+1} - TC_{1t})/\Delta Q = \Delta TC_1/\Delta Q \tag{3-1}$$

$$\begin{aligned}OL_2 &= (TC_{2t+1} - TC_{2t})/\Delta Q = (TC_{1t+1} - RC_{t+1})/\Delta Q - (TC_{1t} - RC_t)/\Delta Q\\ &= (TC_{1t+1} - TC_{1t})/\Delta Q - (RC_{t+1} - RC_t)/\Delta Q\\ &= (\Delta TC_1 - \Delta RC)/\Delta Q \end{aligned} \tag{3-2}$$

边际效益曲线：

$$T_1C = TE_{1t+1} - TE_{1t} \tag{3-3}$$

$$\begin{aligned}T_2C &= TE_{2t+1} - TE_{2t} = (TE_{1t+1} + RE_{t+1}) - (TE_{1t} + RE_t)\\ &= (TE_{1t+1} - TE_{1t}) + (RE_{t+1} - RE_t)\end{aligned} \tag{3-4}$$

式（3-1）和式（3-2）分别是传统经济模式下和循环经济模式下的边际成本曲线，因为边际成本是递增的，所以，ΔRC 大于零，由此导致 OL_1 大于 OL_2，循环经济模式下的污染治理的边际费用有了较大的改变，环境治理的边际成本曲线由 OL_1 下降到 OL_2，边际成本有了较大的下降。

式（3-3）和式（3-4）分别是传统经济模式下和循环经济模式下的边际收益曲线，只要资源循环利用带来的边际收益大于零（循环经济模式下，资源循环利用的效益会大于零），T_2C 必定大于 T_1C，所以循环经济模式下的边际收益曲线 T_2C 高于传统经济模式下 T_1C，从而环境治理的盈亏平衡点也由 E_1 下降到 E_2，污染治理的经济性得到较大改变，污染治理的经济比例从 C_1 提高到 C_2，能花费较低的成本治理污染。

循环经济的经济协同效应表现为：不仅增加了经济系统的资源供给量，而且使废弃物变成了资源，减少污染物排放不是通过技术处理把污染物变成无害化的物质循环回自然界来实现，而是把废弃物变成资源，通过减少污染物处理成本和废弃物排放实现污染的消除。

（三）循环经济协同效应的生态学内涵

任何物质生产和消费过程都是消耗自然资源并产生废弃物的过程，也必然对生态环境造成干扰。自然资源的开采必然造成植被的改变，破坏自然生态环境。废弃物的排放必然引起被排放地的环境物质构成变化，对原来的物质平衡形成干扰，从而发生物理性质或化学性质的环境污染。

经济系统内实施循环经济模式，因资源和废弃物的循环利用，采用同样的生产和消费活动却减少了自然资源的消耗，实现了经济活动的物质减量化，减少了向环境排放废弃物，降低了对环境的污染，从而产生循环经济对生态环境的协同保护作用。与单纯对废弃物进行无害化处理的环境保护模式相比较，这种协同作用表现在：

第一，循环经济模式的物质减量化使得同等经济规模对自然资源的开采量大幅度下降，实现生态环境低强度化。

第二，循环经济协同效应使环境库兹涅茨曲线（EKC）平缓化。环境库兹涅茨曲线指出经济发展与环境污染存在倒"U"型关系，即污染程度随人均国民收入增长先增长后下降（曹光辉等，2006）。这样的结果是学者研究传统经济模式下的污染与经济的关系得出的结论，基本上是已完成工业化国家的研究结果。我国在工业化进程中同样遵循发达国家在工业化时所走过的环境轨迹，但是通过发展循环经济和利用后发优势、借鉴发达国家的经验教训，使中国在经济增长过程中与发达国家相比在经济发展相同阶段更多地考虑资源效率和环境保护，因此使倒"U"型的曲线出现平缓化的现象，形成循环经济协同效应隧道。

从污染强度的计算公式来看，污染强度=污染物/GDP，假设GDP处于相同的规模，循环经济模式比传统经济模式排放更少的污染物，污染强度值也就相应下降，库兹涅茨曲线变得平缓。根据于峰和齐建国（2007）的研究结果，环境污染与经济规模、技术水平和产业结构有密切关系，经济规模的快速扩张，促进环境污染排放量的攀升，生产率的提高和技术创新缓解了环境压力，经济结构的优化也会提高环境质量。而中国目前正处于工业化阶段，资源消耗、污染物排放处于上升的阶段，产业结构和产业布局还有待优化，通过循环经济措施的实施，筛选技术、减量化技术、再利用技术、资源化技术以及能源转换技术等循环利用技术的开发和应用，不断完善废弃物循环利用技术体系，提高废弃物的循环利用，减少污染物的排放；优化产业结构，即降低高污染、高能耗和高投入的产业在经济总量中的比重，提高低污染、低排放和高效益的产业在经济总量中的比重，促进静脉产业的发展，提高静脉产业的比重，会降低能源消耗总量，减少废弃物的产生和排放；合理布局产业，按照循环经济的产业共生系统，组成企业间相互利用废弃物的产业格局，降低能源消耗和废弃物的排放。通过这些措施的实施和调整，完全可以做到提高资源的利用率，促进废弃物的循环利用，降低污染排放，提高环境效益，从而避免达到发达国家污染强度的高点。如图3-2所示，即由于经济系统和资源环境系统的协同效应，中国经济发展穿过了传统经济模式下的环境高山。

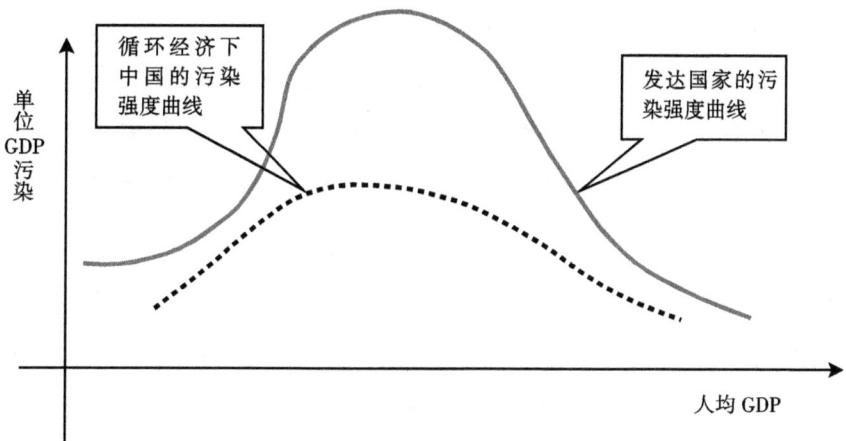

图 3-2 循环经济协同效应隧道

因此,循环经济协同效应的生态学内涵是指废弃物的循环利用,减少对自然资源的开采,减少污染物排放,同时对最终废弃物进行无害化处置,不再污染环境和减少污染环境的机会,从而改善了生态环境。

循环经济通过废弃物的循环利用,减少向环境排放污染物,即使对不能利用的物资也经过无害化处置,从而提高了环境效率,改善了生态环境。例如,种植沙柳能有效地治理沙漠,降低沙漠化,改善当地的生态环境,但是沙柳的生命周期只有三年,生命结束如果不加以利用则会腐烂并释放大量沼气,是温室效应的罪魁祸首之一,将会破坏生态环境。在没有实施循环经济措施之前,是任其自生自灭,在保护环境的同时也危害了环境。如果把沙柳收割,沙柳的根茎继续生长,还在继续保护沙地,改善环境,根据沙柳的寿命周期周而复始地收割并加以利用,则会带来经济和环境效应。沙柳经过加工可以作为制造家具的原料,还可以成为生物质发电的原料。沙柳林的种植及利用在内蒙古毛乌素地区成为了"三碳"绿色产业——"碳吸收"、"碳减排"和"碳捕集"。"碳吸收"是指大规模地种植沙柳林吸收二氧化碳,"碳减排"是指用沙柳灌木进行生物质发电,是清洁能源,间接地节约了化石能源,减少了温室气体的排放;"碳捕集"是指利用生物质发电产生的二氧化碳气体加工绿色食品。[1]沙柳林的大规模种植给当地居民创造了就业机会,增加了当地居民的收入,提高了居民的福祉,促进了社会的和谐发展。不仅如此,生物质电厂利用沙柳时排出的气体没有污染,燃烧后形成的草木灰又是很好的肥料,增加了土壤的肥力,改善了土壤,间接地改善了生态环境。通过沙柳林的大规模种植和生物质发电,在治沙、节能、减排、富民、二氧化碳捕捉等方面实现多赢,有效地改善了当地的生态环境,提高了环境效率。

传统经济模式下,养殖业粪便等通过发酵直接成为肥料或是作为燃料燃烧,在这个过程中会释放大量温室气体,危害环境。如果把粪便作为沼气的原料建设沼气池,产生的沼气是清洁能源,生产沼气后的余渣经过适当的加工制成浓缩液体高效生物有机肥,不仅可以改良土壤,还促使农作物高产和减少病虫害,种植农作物又可以起到固碳作用。沼气和肥料出售都能提高养殖户的收入。同时,产生的沼气节约了化石能源,减少了二氧化碳的排放;高效生物有机肥还可以节约化肥和农药,间接实现能源节约(因为生产化肥需要消耗大量能源),减少温室气体排放;化肥和农药是我国农业污染的主要来源。使用液体高效生物有机肥替代化肥,可以减少氮、磷的排放,降低水资源污染。有机肥替代农药,可以减少土壤污染,提升食品安全性。这些都有效地改

---

[1] 顾震球:《向世界提供沙漠治理的中国范例》,新华网联合国 2012 年 3 月 26 日,http://news.xinhuanet.com/world/2012-03/27/c_111708927.htm。

善了生态环境，提高了环境效益。

四、循环经济协同效应的层次分析

循环经济协同效应可以从国家和企业两个层次上进行分析。

国家层面的循环经济协同效应指国家遵循循环经济和协同理论，综合系统地分析本国经济、社会发展的实际情况和资源的分布、消费格局等，合理布局产业，在符合环境容量和生产承载能力的前提下规划经济发展，提高经济社会系统与资源环境系统以及系统内部各要素的协作能力，用技术创新和科学管理机制提高资源能源利用率和生产率，降低废弃物排放率，提高环境效率，实现经济效益、社会效益和环境效益。要实现国家层面的循环经济协同效益最佳，还需要政府拟定符合国情的法律、法规，各级政府在做好规划、政策引导的基础上，加强引导和监督、检查，运用经济杠杆促使循环经济协同发展，同时也需要各类协会、民间团体和全民的支持和监督。

企业层面的循环经济协同效应是指一个企业根据其生产现状和消耗资源情况，采取有益于环境的技术进行清洁生产，提高企业内部各生产部门之间的合作，不断提高资源、能源利用率和生产率，降低废弃物排放率，提高环境效率，实现经济效益、社会效益和环境效益的三赢。企业在追求利润、承担经济责任的同时，也必须承担社会责任和环境责任，统筹考虑，科学决策，依法开展生产经营活动。

第二节　循环经济协同效应理论综合

一、循环经济理论与协同理论交叉

循环经济就是在经济发展过程中，从资源的开采、生产到消费，尽量模拟自然界的生态循环模式，延长产品的使用周期，提高产品和服务利用效率，在产品完成它的使用功能以后，以其为资源，形成新的产品或用于其他服务，并将生产过程中产生的废弃物进行再利用。循环经济的最终目的在于资源消耗和废弃物产生的减量化，最终实现污染物的无害化，追求的是使人类活动对环境的负面影响达到最小，资源的利用率达到最高，以实现人类社会经济、资源环境的可持续发展。循环经济希望通过物质的循环达到物质和能量传递与利用过程中实现最低的耗散代价，循环经济的实施是以技术创新和科学的管理与决策为基础的。

协同理论研究系统内部各要素或各子系统相互作用、相互影响对整个系统运动的影响，通过与外界的信息、能量或物质交换使子系统或各要素之间协调一致，达到最优化状态。也就是系统的整体作用大于简单的局部之和。从唯物辩证法的角度看，协同作用是千差万别中的一致性，多样性中的统一。

第三章 循环经济协同效应理论

经济资源环境系统是开放的复杂系统。在经济发展过程中，通过经济资源系统内的各个子系统或各个要素相互配合，协调作用，降低资源和能量的消耗，减少废弃物的排放，提高资源利用率和环境效率，减少对环境的负面影响，以实现经济效益、社会效益和环境效益的最佳统一，这是运用协同理论的目的。因此，循环经济协同理论是循环经济理论和协同理论的结合。

通过循环经济理论和协同理论的结合，在经济和社会发展过程中，经济和自然环境系统内的各个个体或子系统在发生物质或能量流动时，相互协调一致，在产业合理布局的基础上，提高资源的利用效率，在废弃物再利用的过程中，充分尊重客观规律，提高各子系统的协作效率，在满足环境容量和生产承载能力的前提下规划经济发展，通过技术创新和科学管理机制提高资源能源利用率和生产率，降低废弃物排放率，提高生产效率和环境效率，从而实现经济效益、社会效益、环境效益的最大化。

资源的循环协同利用，要求人类活动要充分尊重自然和社会规律，运用全局和普遍联系的观点，充分了解各类物质的物理性质和化学性质，合理配置资源和生产，以提高人类生活水平和生活质量，促进人类社会健康发展为前提，否则将适得其反，危害社会经济和资源环境的可持续发展。

工业化以来经济发展与资源环境的矛盾日益尖锐，而循环经济协同效应追求的是经济与环境的协同发展，通过产业的合理布局，资源的有效利用，经济环境各个要素之间相互影响、相互协作而达成目标一致，实现整体功能最大化。循环经济协同效应理论可以有效地解决经济发展和资源环境之间的矛盾，解决人类和资源环境的可持续发展问题。

物资的循环利用并不都是有益于人类的，如果监管不力或在利益的驱动下，会带来极大的危害。例如地沟油、毒胶囊等一些循环物非法进入食品生产和药品生产领域，给人类健康带来巨大的隐患。

地沟油加工生产是循环经济的一种形式。地沟油是有害健康的劣质油，是从潲水（泔水、残菜剩饭等）中回收或劣质、过期、腐败了的动物内脏等加工出的油，这些油都含有毒素或致癌物质，食用后会引起食物中毒，长期食用会导致癌症，是严禁用于食用油领域的。但是，一些不法商贩在利益驱动下私自加工生产"地沟油"并作为食用油低价销售给饭店、宾馆、食堂和超市，用于食品加工，严重危害了人类健康。其实，地沟油可以生产生物柴油，制备选矿药剂，生产乙醇、沼气、航空油等，是清洁燃料。这样利用地沟油不仅能变废为宝，还能避免环境污染，减少食品安全等威胁。

皮革废料回收经过加工制成工业明胶，是各种工厂使用的工业黏合剂，是节约原材料的有利事情，也是物资循环利用的一种形式。皮革在工业加工时，要使用含铬的鞣制剂，因此皮革废料往往重金属铬超标，用这样的原料制成的胶囊用于药物，无疑是对人体有害的。但是，一些企业在明知有害的情况下为了追求利益选用这种工业明胶制成药用胶囊，成为药品企业的辅料，进入患者腹中，用这样的药品不仅不能起到治病的作用还危害人体的健康，在社会上造成了恶劣的影响。

资源和废弃物循环利用的安全问题，是循环经济不协同的表现，这需要执法部门的大力监管和检查，以及充分分析由此带来的后果，加大宣传力度，提高人们的思想道德水平和思想意识。

二、循环经济协同效应的理论综合

循环经济协同效应是循环经济理论和协同理论结合达到的效果，即在经济和社会发展过程中，尊重自然和社会规律，经济社会系统与资源环境系统以及内部的各个要素或子系统相互协调发展，提高各子系统的协作效率，在环境容量和生产承载能力的前提下规划经济发展，合理布局产业，以技术创新为支撑，以制度创新为推动力，加强管理，在物资和能源流动变化的过程中，根据其物理化学性质的变化，提高资源的利用效率和废弃物再利用效率，降低废物排放率，实现污染物的无害化处置，提高环境效率，实现经济效益、社会效益和环境效益的最大化。

三、核算循环经济协同效应的两个角度

循环经济的协同效应体现为物质流效应和价值流效应。物质流效应是指由于经济系统不断从资源环境系统获取物质与能源，向环境系统排放废弃物，在物质和能源的流动过程中，因物质的循环利用，资源产出率得到提高，废弃物排放率降低。表现形式是资源使用数量和污染物排放量减少。

因不同的物质和能源量纲不同，难以进行合并计算，用货币来计量则可以体现资源的综合产出率和利用效率。但是，对于环境破坏的损失则难以进行货币计量，因此需要结合物质流来进行核算分析。企业追求的是利润，运用价值流能反映循环经济的生产方式对企业经营效益的影响，从经济利益方面看是否有利于企

业，企业是否愿意采用这种生产方式。

(一) 循环经济物质流协同效应的核算分析

循环经济物质流效应体现为物质投入的减少和废弃物排放的减少。包括以下几个方面：

第一，因工艺改进或利用技术水平更高的设备，或管理水平的提高，导致资源利用率提高，减少了原材料和能源的投入，提高产品合格率，减少废品损失。例如，钢铁厂炼钢和轧钢的工艺改进，采用连铸连轧生产线，利用自动控制技术和先进装备，提高了产品合格率，减少切头、切尾和切边量，提高综合成材率。

第二，资源的循环利用，减少了资源的投入总量。例如钢铁企业对钢渣的处理利用，不仅节约了资源，还减少了废弃物的排放。又如钢铁行业炼铁或炼钢过程中产生的高炉和转炉煤气，如果高空排放将对环境造成极大的污染，实施循环经济后，通过回收进行发电或作为原材料投入生产，节约了能源或原材料，提高了资源利用效率。

第三，通过对废弃物的处理利用，减少了排放到环境中的废弃物，降低了对环境的危害。例如钢铁企业回收除尘灰、铁尘泥用于烧结，作为烧结原料，不仅实现了资源的企业内部循环，还减少了废弃物向外部环境的排放，降低了污染环境的机会。

第四，因资源使用效率的提高，减少了自然资源的投入总量，减少了隐性物质量，降低了对环境的影响。

前三部分与企业的生产经营活动直接相关，直接影响企业的经济利益和企业的生产经营活动与决策，而第四部分与企业的经营活动没有直接关系，即使对环境造成较大的危害也不危及企业直接的生产经营和利益，至多是大众对企业的印象不好，或受到道德上的谴责。

（二）循环经济价值流协同效应的核算分析

价值流是物质流的价值体现，是用货币计量的物质流，价值流效应是经济利益的提高和环境成本的下降。循环经济价值流效应体现为以下几个方面：

1. 成本降低

成本降低包括原材料成本降低和环境成本降低。资源的循环利用，减少了能源或原材料，降低了成本支出。例如高炉和转炉煤气发电，节约了能源，减少了污染排放，既降低了原材料成本又降低了环境成本，是一举两得的事情。

2. 新产品带来的经济效益

通过对废弃物或副产品的再加工，形成新的产品，提高了其附加价值，获得了经济利益。例如炼铁过程中产生的水渣经过加工生产水泥，提高了其附加价值，获得了经济利益。

还有一部分效应不能包括在或者说不能完全体现于价值流效应，即社会效应。社会效应是指企业采取循环经济的生产方式对社会造成的影响，包括企业招收当地员工，提高这部分员工的福祉，因企业承担了环境责任，大众对企业的评价提高，使企业具有良好的形象等。

总结来说，循环经济协同价值效应归结为三部分：一是经济效应。包括成本降低和新产品带来的利益，直接体现为企业的经济利益。二是环境效应。废弃物的循环利用，减少了废弃物向环境的排放，降低了对环境的破坏程度。资源利用效率的提高，降低了向自然界获取的资源量，减少了对自然环境的破坏机会，避免了环境的进一步恶化，间接地有利于居住地的居民健康。环境效应是企业生产对生态环境的影响，只能部分地用数据来表示。三是社会效应。社会效应包括两部分，一是由于企业回收利用废弃物，需要招收员工进行相应的加工操作，增加了就业人员，提高了这部分人员的福祉。二是由于企业对废弃物的回收利用，降低了对环境破坏的可能性，担负了部分的环境责任，"环境责任是指保护环境和节约资源。只有同时承担起经济、社会和环境三方面责任的企业，才算得上是合格的、先进的企业"（陆钟武，2005）。在环境问题日益严重的今天，承担环境责任的企业，无疑会提高企业的声誉，提高企业在民众中的形象，无形中也会增加企业的经济收益。这部分是无法用货币来衡量的。

值得注意的是，废弃物的循环利用具有双重效应：一是节约了成本，这是经济效应；二是减少了向环境的排放，这是环境效应。所以在计算时应系统、全面地综合考虑，从不同的角度反映实际情况，不能片面考虑。

第四章 循环经济物质流协同效应分析

物质流分析的是某一个系统中物质的流入与流出，物质流分析包括三种类型：一是主要研究国家及区域的物质流分析和核算，分析国家或大区域经济系统和环境系统的物质交换过程，从而评价整个系统的资源强度水平，二是企业的物质流分析，分析企业每一个生产流程的物资流动，提高资源利用效率，降低损耗（物资和能源循环利用，减少废物排放），力求经济效益的最大化，这是企业生存的目的。将物质流分析运用于企业管理可以加强资源管理，找到薄弱环节，降低成本，减少对环境的危害。三是产品生命周期的物质流分析，该分析主要运用生命周期评价（LCA），围绕某一产品从生产、产品、消费品、再利用、废弃整个过程所发生的资源流动。

本章在物质流核算体系的基础上，建立企业的物质流核算指标体系，分析传统企业的物质流核算和循环经济企业的物质流核算的差异，借此建立循环经济企业的物质流核算指标体系，研究循环经济物质流的协同效应，并把物质流效应分解为四大部分，提出计算方法和步骤。

第一节 物质流核算的指标体系

物质流分析遵循质量守恒定律，总产出等于总投入，生产系统投入原材料和能源，产出产品、废弃物和污染物，存量是半产品、生产物料和处于循环中的物质。物质流核算指标包括投入指标、消耗指标、产出指标和资源效率类指标。

目前世界上有欧盟物质流指标和世界资源研究所（WRI）物质流指标两大体系，两者的区别主要在于三个方面：一是物质输入的分类不同，欧盟物质输入分类比 WRI 的物质分类更为详细。详细的分类便于计算和定义，能更准确地计算物质流量，为下一步的工作打好了基础。二是物质输出分类不同。虽然在物质输入方面欧盟体系的分类更详细，但在物质输出分类方面，却没有 WRI 的分类合理。WRI 的分类考虑了氧对物质输出的影响，更有利于计算和分析。三是计算的指标不同。WRI 体系的物质流指标少于欧盟体系的物质流指标。关于两者的区别吴开亚（2007）在其博士后学位论文《物质流核算分析的方法与应用研究》中做了详细的介绍，本书不再重复。表 4-1 是对二者差别的一个简单介绍。

目前，在宏观层面开展的物质流分析多是围绕固体进行的，例如欧盟体系。在企业层次则根据企业的主要原材料、所利用的主要能源、产品和排放的废弃物之类来界定企业的物质流和能源流的种类。例如钢铁企业，主要原材料是铁矿石，辅料是溶剂、石灰、白云石等，能源是煤、油气、焦炭和电，其中铁矿石和焦炭的成本之和占原材料和能源成本的70%左右。性质不同的企业，生产特点不同，需根据企业的生产特点界定企业物质流和能源流的种类。

表4-1 欧盟和世界资源研究所（WRI）物质流指标对照

指标分类	欧盟体系	WRI体系
投入	进口 国内隐藏流 对应的非直接流 直接物质投入 物质总需求 物质总投入 国内物质总需求	物质总需求 直接物质输入 国内隐藏流
排出	出口 国内生产过程排放 国内总排放 直接物质排出 物质总排出	净存货增加 国内总输出 国内处理输出 出路流量
消耗	国内物质消耗 总物质消耗	
平衡	存量净增长 实物贸易平衡	

资料来源：吴开亚，《物质流核算分析的方法与应用研究》，厦门大学博士后学位论文，2007年，第28页。

本书研究企业的物质流与宏观层面的物质流基本相同但也有区别，本书在借鉴这两个指标体系的基础上定义企业的物质流核算指标。企业的物质流指标包括投入指标、产出指标和效率指标三类。

一、投入指标

本书认为企业的投入指标（Material Input Indilces，MII）包括三个：

（1）企业直接物质输入（Enterprise Direct Material Input，EDMI）：指企业投入生产制造产品的物质，包括原材料和能源，例如煤炭、石油、天然气等化石燃料，矿物原料等。

（2）企业隐性物质流（Enterprise Hidden Material Flow，EHMF）：又被德国人称为生态包袱，指企业所需要的原材料或能源在其开采过程中伴生的物质流，例如采煤过程中地表的土石、建筑生产中的土石挖掘、农作物收获过程中的损失等。这些物质没有商品价值，但是对自然生态环境造成了不利影响。

（3）企业总物质需求（Enterprise Total Material Requirement，ETMR）：是企业直接物质输入和隐性物质流的合计。

二、产出指标

产出指标（Material Output Indices，MOI）是指企业在一定时间（例如一个年度）内所生产出来的所有物品，包括产品和排放的废弃物以及隐性物质。企业产出指标也包括三个：

（1）企业产品（Enterprise Product，EP）：是企业生产的用于销售或最终消费的产品，是企业正常或者说想要的产品，是合意的产品（Desired Products）。

（2）企业生产排放（Enterprise Processed Output，EPO）：是

指企业生产和消费过程中所产生的各类排放到自然环境中的废弃物，包括废水、废气、固体废弃物等，是不合意的产品（Undesired Products），不包括循环使用的物质。

（3）企业总排出量（Total Enterprise Output，TEO）：是生产排放与使用隐性物质的总和，表示因企业生产活动排放到环境中的物质总量。

三、效率指标

物质输入和产出指标与产量或增加值结合，可以产生一系列的效率指标，也可以说是物质使用强度指标。他们从各方面反映了企业生产的运行效率和企业经济发展对自然资源的依赖程度，以及企业为了追求盈利而对环境造成的影响。

物质投入生态效率指标（Efficiency Indices，EI）是指物质投入与产出的比例，包括企业直接物质使用效率和企业物质总使用效率。投入效率指标包括：

（1）企业直接物质使用效率（Enterprise Direct Material Input Efficiency，EDMIE）：是直接物质投入量与企业创造的增加值（或产品）的比值。反映了企业资源使用效率的高低。

（2）物质总使用效率（Enterprise Total Material Requirement Efficiency，ETMRE）是物质总投入与企业创造的增加值（或产品）的比值。反映了企业对环境的依赖程度。

产出生态效率指标反映了企业的生产活动对环境的影响程度，包括企业排放产出率、企业隐性物质排放率和总排放产出率三个指标。

（1）企业排放产出率（Enterprise Processed Output Efficiency，EPOE）：是生产过程中排放的废弃物或污染物与企业创造的增加值（或产品）的比值。反映了企业的生产活动直接对环境的破坏程度。该值越低，企业经营活动对环境的危害越小。

（2）企业隐性物质排放率（Enterprise Hidden Material Flow Efficiency，EHMFE）：是隐性物质与企业创造的增加值（或产品）的比值。

（3）总排放产出率（Total Enterprise Output Efficiency，TEOE）：是总排放量与企业创造的增加值（或产品）的比值。反映了企业的生产活动对环境的影响程度。

还可以根据需要计算其他的效率指标。这些指标可以使用实物量指标也可以使用价值指标，根据具体情况灵活选择。

值得注意的是，在计算效率指标时，有许多文献直接用产品总产量来计算，却有不妥当之处。如果原材料只有一种或产品单一，或者企业的原材料与产品能明确区分，用产品总产量计算效率无疑是正确的。事实上，这是不太可能的，随着生产的多元化，企业的产品种类会有多种，如果企业的几种产品同时使用相同的原材料和能源，不同的产品量纲不同或产品的质地不尽相同，直接用产品的加总产量来计算效率指标，难以说明问题。因此，当企业生产多种产品并不同质时，应该用增加值来计算效率指标。如果需要进一步计算不同产品的效率指标，用产品的价值量来分配材料和能源消耗，进一步计算不同产品的效率指标，可能更具有说服力。

在宏观层次上，有消耗类指标，包括国内物质消耗、物质消耗总量、存量净增加量等，而企业的生产过程就是物质消耗过程，对企业的物质流进行核算的目的是对企业生产产品的物质流进行核算，是生产过程的核算，因而消耗指标与投入指标在量上没有区别，设置的意义不大，因此本书没有设置企业消费类指标。

企业的物质流核算指标如表4-2所示。

表4-2 企业物质流核算指标

一级指标	二级指标
投入指标（MII）	企业直接物质输入（EDMI） 企业隐性物质流（EHMF） 企业总物质需求（ETMR）
产出指标（MOI）	企业产品（EP） 企业生产排放（EPO） 企业总排出量（TEO）
效率指标（EI）	企业直接物质使用效率（EDMIE） 物质总使用效率（ETMRE） 企业排放产出率（EPOE） 企业隐性物质排放率（EHMFE） 总排放产出率（TEOE）

四、物质流核算的优点和不足

物质流核算的对象是实物，能明确说明物质的形态变化，从原始材料到半成品到产成品再到废弃物资源化直到最后的处置，在这生产、消费过程中的废弃物排放或回收利用，刻画出了物质的流动路径，弥补了传统经济学用货币研究资源配置和资本循环的缺陷。传统经济学研究的是资本节约问题，是从货币的角度来研究问题，注重资本的流动，当价格严重偏离价值时，物质循环与资本循环将会背道而驰，资源与环境问题将会日益严重。物质流的分析研究将会改变因价格变动带来的缺点。

但物质流分析本身也有其固有的缺陷。因其分析的对象是实物，在核算效率或强度指标时，尤其是对比不同实体的效率或强度时，是按照其质量加总计算总的资源效率、产出率等效率指标，例如人均物质总需求、物质产出率等，而不管物质是否是同质的，所以，其明显的缺点是没有考虑其质地的不同，即使同一种物质，例如铁矿石或铜矿石，其含铁率或含铜率也不尽相同，而这样的加总数据使一些重要的物质因其质量较小而被忽略，质量大而不是很重要的物质对物质流分析的结果影响则大。若分别计算每一种产品的资源效率或排放率，因指标太多，难以综合对比两个国家或实体的情况。如果用价值指标比较，因地理差异，资源禀赋不同，价格差异较大，更不具有说服力。

虽然物质流分析有其缺点，但对分析循环经济的资源循环流动是目前比较有效的手段，也符合循环经济的特点，尤其是分析企业的物质流动。因此，本书运用物质流来分析企业的资源流动。

第二节 企业的物质流核算

一、传统企业物质流及其核算

(一) 传统企业的物质流

人类进入工业社会后,技术的巨大进步促进了生产力史无前例的提高,从而创造了大量的财富,使人类进入大量生产大量消费的时代。但是,地球的资源和空间是有限的,自然资源的最大产出和环境自净化容量,客观上构成了传统经济发展的生态学边界(赫尔曼·戴利,2001)。但是,随着工业的发展,人口的迅速增长,人类对财富的渴求进入无止境的状态,对资源的需求和污染排放也进入无限制的状态。在这种情景下,经济的发展导致资源日益减少,环境退化,使人类后代难以生存。

目前,大部分国家和地区仍然属于传统经济发展模式,传统经济发展模式是"资源—产品和服务—废弃物"单向流动的直线过程,对资源的利用常常是粗放的,一次性用品比比皆是,创造的财富越多,消耗的自然资源和产生的废弃物也就越多,也就造成了越来越多的自然资源面临短缺与枯竭,对环境资源的负面影响也就越大。企业作为一个国家或地区的生产单元,其生产方式基本决定了国家的经济发展和消费方式。

传统经济模式下的产品从设计、生产、使用到废弃，只注重产品满足消费者的需求，使用过程的便利，没有考虑产品的回收利用，产品的最终处置对环境的影响；在生产过程中，追求产品成本最小化和利润最大化，没有考虑对环境的影响和资源的利用。传统发展模式下，在生产的过程中不采取任何措施来减少污染物的排放，对环境污染的处理采用末端治理模式。

因此，传统企业的生产模式，一般是获取资源、生产加工和销售、消费。在这个过程中，一方面是从外部环境获得资源，另一方面是不断地排放废弃物，或按照有关环境法律法规要求对废弃物进行治理后再排放。例如传统钢铁企业，一般由矿山开采、选矿、烧结、炼铁、炼钢和轧钢等主要工艺流程组成（见图4-1），经过这些流程实现了对自然资源的加工，得到了钢材和少量副产品。但是在实现产品增值的同时也伴随大量的资源消耗和排放大量废弃物，矿山开采过程需要剥离大量土石和破坏山体植被，污染河流，烧结和炼铁、炼钢过程会产生煤气、烟尘和粉尘等，使用大量的能源和水，作为高耗能高排放的行业，对自然环境造成了污染与破坏。从图4-1看出，传统生产流程会导致大量可重复利用的资源能量流出，钢铁企业每道生产工序的余热、余压、余气等二次能源没有采取任何回收措施，不仅造成了极大的资源浪费，还污染了环境。而在循环经济模式下，企业通过回收利用余热、余压、余气发电占企业用电的50%左右，资源回收利用的益处可见一斑。

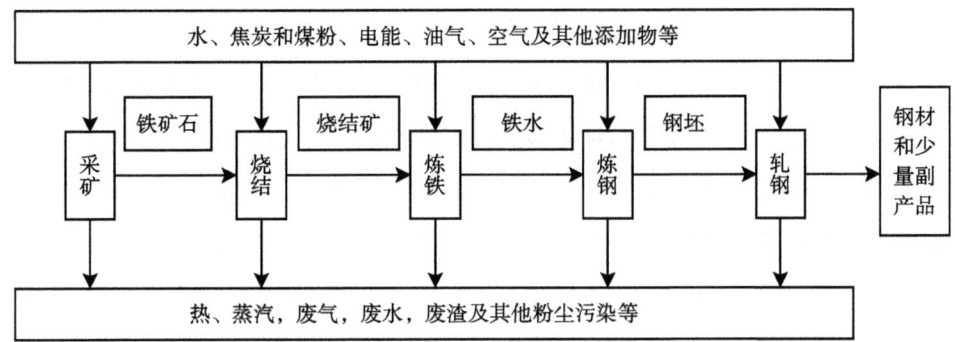

图 4-1 传统钢铁工业流程和物流示意图

（二）传统企业物质流核算指标

传统企业的物质流核算因为不考虑对环境的影响，所以包括的指标相对较少，只有以下三个：企业物质输入（Enterprise Material Input，EMI）、企业产品（Enterprise Product，EP）和企业物质使用效率（Enterprise Material Input Efficiency，EMIE）。

值得注意的一点是，企业的物质流核算不仅要核算整个生产过程的物质投入、产出和生态效率指标，还要核算每个生产部门（生产流程）的物质投入、产出和效率指标，以便于比较各个部门的效率，找出差距，寻找效率低下的原因，采取措施提高资源效率，从而提高整个企业的资源产出效率，降低成本，提高企业的经济效益。

二、循环经济企业物质流核算

循环经济模式是人类对传统生产和消费模式反思的结果，是可持续的经济发展模式。循环经济以资源的高效利用和低排放为核心，遵循"减量化、再利用、再循环"的原则，以"一高三低"为基本特征，即高利用、低开采、低消耗、低排放。因此循环经济的衡量标准应该是"减量"和"低排放"，通过资源利用上的减量和将废弃物资源化提高资源利用率，达到资源节约、保护环境的目的。所以，循环经济企业物质流核算与传统企业的物质流核算的最大区别是考虑了物质的循环使用，不仅是反复利用各个工序产生的废物，还积极考虑在提高生产技术水平和改进生产工艺的基础上，在生产的源头上考虑减少原材料和能源的投入，提高资源产出率和降低废弃物产出率。由于物质和能源的重复利用，提高了资源的利用率，减少了物质和资源的投入强度，提高了资源产出率，与传统经济模式下的企业比较，循环经济的物质是循环流动的，只有放错了地方的资源，而没有真正的废弃物。

在循环经济模式下，一个部门产生的废弃物可能变成另一个部门的原料，因此在循环经济发展模式下没有废弃物的概念。循环经济生产模式是"资源—产品和消费—再生资源—产品"，所有物质和能量都能在整个经济活动中得到最大限度的利用，物尽其用，从而把经济活动对自然环境的影响降低到尽可能小的程度。图4-2是循环经济模式下的日照钢铁集团的生产流程和物质流示意图。在循环经济模式下，各个生产部门不仅利用上个部门（生产流程）生产的半成品进行加工制造，还利用本部门或其他部门的废弃物进行生产，做到资源的重复利用。在能源利用方面，也是尽可能利用一切可利用的能源，例如高炉煤气和转炉煤气，不仅用作原材料，还用来发电，以节约能源。在废弃物（包括水渣、钢渣、尘泥、除尘灰等）方面，废弃物经过提取等工艺后，含铁或钢部分重新进入炼铁或炼钢生产流程，不含铁部分成为水泥厂的原料，生产水泥，没有固体废弃物产生。在钢铁行业，水的循环利用率在95%以上，排放到自然环境的污水极少。

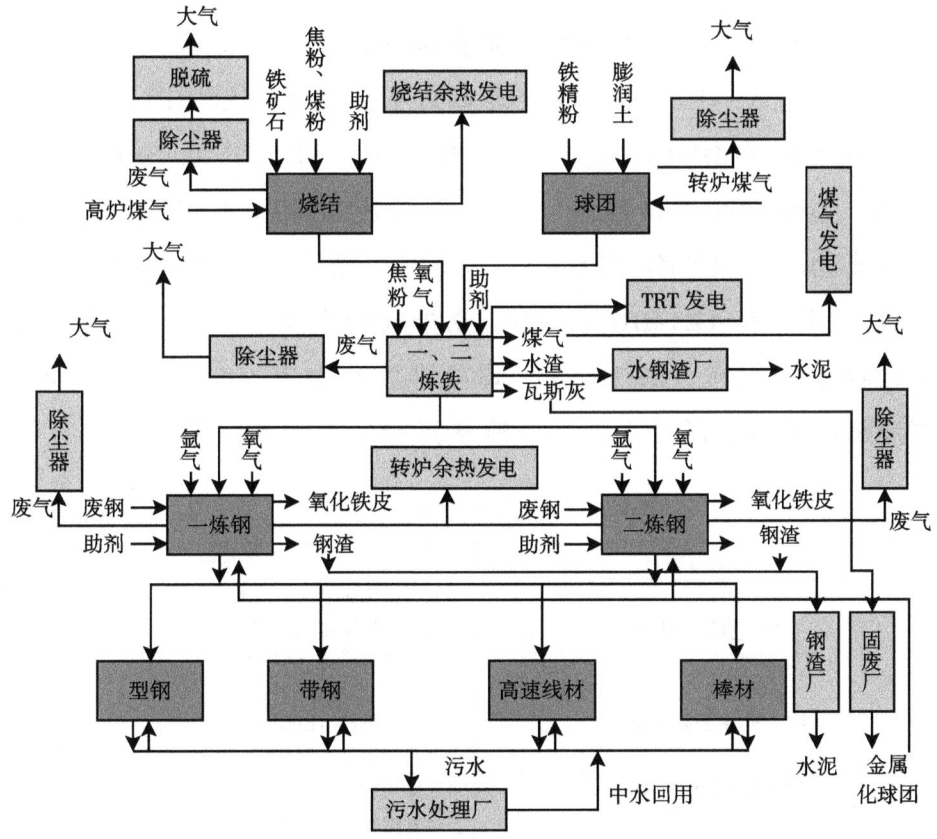

图 4-2　循环经济下日照钢铁工艺流程图
资料来源：日照钢铁控股集团有限公司《清洁生产审核报告》，2011年11月。

循环经济在于物质的循环利用和废弃物的减少，因此，循环经济的物质流指标与传统经济的物质流指标不同的地方在于，前者有物质循环利用量和物质循环利用率指标，而后者没有。不仅是整个企业有物质循环量和物质循环利用率，还要有分部门、分种类物质（主要原材料和能源）的循环利用指标。对这些指标加以比较，以利于找到资源利用效率低下、循环利用低下以及废弃物排放率高的部门，寻找其原因并找到解决问题的途径，以提高整个企业的能源利用效率和物质循环效率，降低废弃物的排放。

根据上述分析，循环经济企业物质流核算指标包括：①企业直接物质输入（EDMI），②企业循环物质输入（ERMF），③企业隐性物质流（EHMF），④企业总物质需求（ETMR），⑤企业产品（EP），⑥企业生产排放（EPO），⑦企业总排出量（TEO），⑧企业直接物质使用效率（EDMIE），⑨物质循环率（ERMFE），⑩物质总使用效率（ETMRE），⑪企业排放产出率（EPOE），⑫企业隐性物质排放率（EHMFE），⑬总排放产出率（TEOE）。表4-3更清楚地揭示了循环企业物质流核算的分类和具体指标。

表4-3 循环企业物质流核算指标

一级指标	二级指标
投入指标（MII）	企业直接物质输入（EDMI） 企业隐性物质流（EHMF） 企业总物质需求（ETMR）
物质输出指标（MOI）	企业产品（EP） 企业生产排放（EPO） 企业总排出量（TEO）
物质循环指标（MRI）	企业循环物质输入（ERMF）
效率指标（EI）	企业直接物质使用效率（EDMIE） 物质循环率（ERMFE） 物质总使用效率（ETMRE） 企业排放产出率（EPOE） 企业隐性物质排放率（EHMFE） 总排放产出率（TEOE）

第三节 循环经济物质流协同效应的核算

循环经济物质流协同效应是指因物质的循环流动,提高资源利用率,减少对自然资源的开采和废物排放,降低对环境的危害,与环境友好相处。

当企业生产单一产品或同质产品,或产品之间能明确分配消耗的原材料和能源时,循环经济物质流的协同效应核算步骤,包括以下几步:

第一步,计算企业整体以及各个生产流程的直接物质投入、隐性物质投入、产出、生产排放、直接物质使用效率、物质总使用效率、企业排放产出率、企业隐性物质排放率、资源循环使用量、资源循环使用率。

第二步,计算因资源使用效率的提高减少的资源投入量。在不同的时期,因为产品产量不同,投入的资源量也有较大的差异,两个时期的资源投入差距可以分解为两部分,一是因产品产量增加而增加的资源投入量($\Delta EDMI_p$),二是因资源使用效率提高而减少的资源直接使用量($\Delta EDMI_e$),这是循环经济协同效应部分。计算公式如下:

$$EDMIE = e = \frac{EDMI}{EP} \tag{4-1}$$

$$\Delta EDMI = EDMI_t - EDMI_0 = e_t EP_t - e_0 EP_0$$

$$=(e_t - e_0)EP_t + e_0(EP_t - EP_0)$$
$$= \Delta EDMI_e + \Delta EDMI_p \qquad (4\text{-}2)$$

式（4-1）是计算资源利用率、生产单位产品所消耗的资源量，此值越低，资源利用越充分。式（4-2）是两个时期资源直接投入的差值。EDMI 是资源直接投入量，e 是资源利用率，EP 是产品产量。

第三步，根据物质和能源流程图，循环利用的物质和能量很容易得到数据，在此基础上计算资源循环利用量和循环利用率。计算两个时期内，因资源循环利用率提高而减少的资源投入可以用间接的方法。首先，计算资源循环利用量之差；其次，计算产品资源循环率（e_r），即资源循环利用量与产品的比值，即单位产品循环利用的资源；最后，把资源循环利用量之差分解为两部分，一是因循环利用率提高而减少的循环资源投入（$\Delta ERMF_{re}$），二是因产品产量的增加而多利用的循环资源（$\Delta ERMF_{rp}$）。计算公式如下：

$$ERMFE = e_r = \frac{ERMF}{EP} \qquad (4\text{-}3)$$

$$\Delta ERMF_r = ERMF_{rt} - ERMF_{r0} = e_{rt}EP_t - e_{r0}EP_0$$
$$= (e_{rt} - e_{r0})EP_t + e_{r0}(EP_t - EP_0)$$
$$= \Delta ERMF_{re} + \Delta ERMF_{rp} \qquad (4\text{-}4)$$

$ERMF_r$ 是资源循环利用量。

循环经济协同效应的资源投入分解为资源利用率提高而减少的资源直接投入（$\Delta EDMI_e$）和循环利用减少的资源投入（$\Delta ERMF_{re}$）两部分。

第四步，计算废弃物的减少。同样，废弃物的减少，一部分是因废弃物率的降低而减少，另一部分是因产品产量的增加而增加。首先计算两个时期内废弃物的差；其次计算因废弃物率降低而减少排放的废弃物（ΔEPO_{ew}），以及因产品产量增加而增加排放的废弃物（ΔEPO_{ep}）。计算公式如下：

$$EPOE = e_w = \frac{EPO}{EP} \tag{4-5}$$

$$\begin{aligned}\Delta EPO &= EPO_t - EPO_0 = e_{wt}EP_t - e_{w0}EP_0 \\ &= (e_{wt} - e_{w0})EP_t + e_{w0}(EP_t - EP_0) \\ &= \Delta EPO_{ew} + \Delta EPO_{ep} \end{aligned} \tag{4-6}$$

式（4-5）是产品废弃物率，指单位产品所排放的废弃物。

第五步，计算隐性物质流的变化。因为隐性物质不进入生产经营活动，其数值的大小与所采用的矿产资源以及石油、煤炭等化石能源有关。在两个时期，因为产品产量不同，所引起的隐性资源量也有较大的差异，两个时期的隐性物质差距可以分解为两部分，一是因产品产量增加而造成的隐性物质增加量（$\Delta EHMF_{ep}$），二是因隐性物质投入率降低而减少的隐性物质量（$\Delta EHMF_{eh}$）。计算公式如下：

$$EHMFE = e_h = \frac{EHMF}{EP} \tag{4-7}$$

$$\begin{aligned}\Delta EHMF &= EHMF_t - EHMF_0 = e_{ht}EP_t - e_{h0}EP_0 \\ &= (e_{ht} - e_{h0})EP_t + e_{h0}(EP_t - EP_0) \\ &= \Delta EHMF_{eh} + \Delta EHMF_{ep} \end{aligned} \tag{4-8}$$

式（4-7）是产品隐性物质抛弃率，指单位产品所需要抛弃的隐性物质。

至此，循环经济物质流协同效应可以计算的部分分解为：一是循环利用率提高而减少的循环资源投入（$\Delta ERMF_{re}$），二是资源利用率提高（广义的技术进步）而减少的资源投入量（$\Delta EDMI_e$），三是因废弃物率降低而减少排放的废弃物（ΔEPO_{ew}），四是因隐性物质投入率降低而减少的隐性物质量（$\Delta EHMF_{eh}$）。这是两个时期企业循环经济效果的比较。

还有一种情况是，企业采取循环经济生产方式和没有采取循环经济生产模式的比较。这时的物质流效应则有两部分，一是资源的循环利用而减少的资源投入量，即 ERMF，二是废弃物利用前后的量差。例如，钢铁厂的粉尘和尘泥等，回收利用可以节约原材料，如果排放到环境，不仅造成环境污染，还会受到国家主管部门的惩罚。由于这两个数据可以直接从资源流程图得到，这里不再赘述。

因为物质流的量纲不同，所以各种物质之间不能简单地进行相加，只能分门别类地进行计算。尤其是企业所需要的原料、辅助材料种类较多时，只能选择主要的原材料进行分析计算。对废弃物的计算也是选择主要的、对环境危害大的物质进行计算。

当企业生产多种产品，产品之间不能明确区分消耗的材料和能源时，则需要先做好以下准备工作，再用上面的方法计算。

首先，对于不能区分的原材料和能源，利用产品的价值把原材料和能源消耗分别在几种产品中进行分配。

其次，分别计算不同产品的资源利用效率、循环利用效率、废弃物利用率和隐性物质流效率。

最后，利用上面的步骤进行计算。

第五章　循环经济价值流协同效应分析

价值流反映一个企业资源、投资以及人力资源的价值流动情况。循环经济的价值流效应，即循环经济的经济效益，核算效益必然涉及成本，而循环经济不仅关注传统成本，更注重环境成本的核算。随着资源环境问题压力的加大，对环境成本的关注早已成为对环境问题的关注焦点，环境成本的核算和内生化势不可当。

本章分析了传统环境成本和效益的局限性，在此基础上界定循环经济下企业的环境成本和效益，阐述环境成本的外部性和环境成本的计量方法。在物质流核算的基础上，提出价值流计算的方法和步骤。

第一节　传统成本与效益核算的局限性

根据西方微观经济学的厂商理论，厂商为了获取利润必须付出成本，这部分成本既包括支付外部资源所有者的成本也包括自己拥有的资源的成本。

在会计学中，成本与费用是有区别的，成本是按一定的产品或劳务对象所归集的费用，而费用是企业为了获取利润而销售商品或提供服务等发生的所有经济利益的流出。两者在内容、计算期、计算对象和依据等方面均不同，费用包括成本。成本是生产产品的直接费用，费用是企业经营过程中的所有花费。生产性企业为了生产产品而发生的各种耗费包括产品生产成本（Product Cost）和期间费用。产品生产成本包括直接材料、直接工资、其他直接支出和制造费用。期间费用即不能明确对象化的费用，如管理费用、财务费用、销售费用等。

根据经济学理论，收益是厂商出售产品或提供劳务所得到的收入。会计学中的收入是企业在日常活动中形成的经济利益的总流入，分为主营业务收入和其他业务收入。主营业务收入是指企业经常性的、主要业务所产生的收入，如制造业的销售产品、半成品和提供工业性劳务作业的收入。主营业务收入在企业收入中所占的比重较大，它对企业的经济效益有着举足轻重的影响。其他业务收入是指除上述各项主营业务收入之外的其他业务收入，包括材料销售、外购商品销售、废旧物资销售、下脚料销售；提供劳务性作业收入，如咨询收入、担保收入、使用费收入、租金收入、股利收入等。其他业务收入在企业收入中所占的比重较小。企业的收入扣除生产成本和期间费用即为企业的经营效益。

传统经济模式下企业追求的是自身利益的最大化，没有考虑企业因生产或提供服务所带来的对环境的不良影响，即使是需缴纳环保费用，也是因政府管理机构以及环保政策而被动支付的费用，是污染发生后的治理费用，是被动的环境成本，相对于资源消耗和环境破坏来说微乎其微，企业的生产活动对资源环境造成的损害没有计入企业的成本。在传统经济模式下，随着产品产量或服务量的增加，污染物排放量增多，对自然资源环境系统的破坏也就更严重。

随着资源环境由富裕变为稀缺，进而面临枯竭，资源环境与经济发展的矛盾日益突出，经济学中的厂商理论和会计学中的成本收益理论的局限性日益明显。传统经济模式下，企业追求成本最小化和利润最大化，完全不考虑对环境资源的影响，企业的核算成本一是不包括环境成本，二是不包括废弃物成本，生产过程发生的成本全部由合格品来承担，提高了合格品的成本。这样的后果是企业的成本不能准确、科学地反映企业生产所付出的代价，核算的收益不能准确地反映企业的经营成果。

由于传统的成本与收益核算的不足，环境成本成为经济学家、环境学家和国际组织关注的对象，正确核算企业的成本和收益，准确地反映企业的经营成果，不仅有利于调动企业生产经营的积极性，还有利于废物利用和保护环境，调动企业发展循环经济的积极性。

第二节　循环经济成本效益的界定

企业成本是随着企业生产经营活动而产生的，循环经济下的企业不仅追求经济效益，还必须注重社会效益和环境效益，因此其生产经营活动成本不仅包括传统经济模式下的产品生产成本、期间费用和税金，还包括环境成本。环境成本是企业生产活动过程中占有和消耗环境资源、污染和破坏生态环境而付出的代价。由于环境成本具有很强的外部性，在传统的经济模式下，往往不被计入生产或交易成本。

一、企业的环境成本

（一）环境成本的核算

由于环境恶化已影响到人类的生存和发展，引起了社会各界对环境的关注，为了保护自然与环境，实现社会经济的可持续发展，环境保护支出和环境赔偿责任越来越大，环境对经济的影响越来越大。对因环境破坏造成的损失进行核算已成当务之急，环境成本研究应运而生。在国外，对环境成本的研究始于20世纪70年代，以英国《会计学月刊》1971年比蒙斯撰写的《控制污染的社会成本转换研究》和1973年第2期马林的文章《污染的会计问题》为起点，揭开了环境成本研究的序幕（范依依，2009）。20世纪70年代中期，一些学者又提出了在企业中应加强"环境成本信息披露（环境成本报告）"的建议，即披露企业各种经济活动对环境产生影响的信息，随后便进入实务阶段。但对于环境成本的概念，目前并没有统一的认识，也没有公认的环境会计准则来规定环境成本的定义、内容和分类标准。

联合国国际会计和报告标准政府间专家组（ISAR）曾经数度研究环境成本的信息披露问题。1998年2月召开的第15次会议讨论并通过《环境会计和报告的立场公告》，成为国际上第一份关于环境会计和报告的系统而完整的国际指南。该公告指出：环境成本是指本着对环境负责的原则，为管理企业活动对环境造成的影响而采取或被要求采取措施的成本，以及因企业执行环境目标和要求所付出的其他成本。[①]

美国环境管理委员会把环境成本界定为：①环境损耗成本，指环境污染本身导致的成本或支出；②环境保护成本，指为了将自己和污染隔离开而发生的费用；③环境事务成本，指为了对环境进行管理而发生的收集环境污染情报、测算污染程度、执行污染防治政策而发生的费用；④环境污染消除费用，指为了消除现有的环境污染而发生的费用。日本为了建立循环型社会，对环境保护非常重视，对环境成本的研究走在世界前列。日本环境省从1999年起就公布了多项规则对环境成本的种类、环境保护效果的计量和报告的原则进行了规定。环境省认为环境成本包括六类：直接降低环境负荷的成本（公害防止成本、地球环境保护成本、

---

① 陈毓圭：《环境会计和报告的第一份国际指南》，《会计研究》，1998年第5期，第4页。

废弃物的处理、再利用成本)、间接降低环境负荷的成本(环境管理成本)、产品从使用到废弃降低环境负荷的成本、为降低环境负荷进行的研究开发成本(环境研究开发成本)、支援社会降低环境负荷的支出及其他环境成本(毕艳霞,2006)。

加拿大特许会计师协会(CIA)认为环境损失成本包括环境对策成本与环境损失成本。前者是指与企业进行环境保护对策相关的成本,而后者则因企业造成的环境污染而被受害者或第三方要求予以赔偿、恢复等所支付的成本费用,包括受害赔偿金、罚金等(林万祥,肖序,2002)。德国按照投入产出关系将环境成本分为四种类型:事后的环境保全成本、事前的环境保全预防成本、残余物发生成本和不含环境费用的产品成本(金再华,高利芳,2005)。

中国学者对环境成本的核算源于20世纪90年代。最初是核算环境污染损失,例如过孝民、张惠勤在《公元2000年中国环境预测与对策研究》一书中估算了20世纪80年代我国环境污染和生态破坏造成的经济损失。郑易生等(1999)估算了20世纪90年代环境污染损失,包括大气污染造成的经济损失、水污染造成的经济损失和固体废弃物及其他污染造成的经济损失。核算结果是1995年环境污染损失占GNP的3.27%。

黄种杰(2009)认为环境成本是指企业的经营活动对环境造成影响而采取或被要求采取措施的成本,以及因企业执行环境目标和要求所付出的其他成本。包括:企业为减少和防治污染及恢复环境所发生的支出、因污染环境而发生的费用损失、耗用自然资源和污染环境的社会成本等。

由于环境成本评估的复杂性、困难性和不确定性,叶兆木

(2007) 认为环境成本是环境污染和生态破坏的经济损失。陈亮 (2008) 认为企业环境成本是指为降低企业经济活动和其他活动对自然资源和环境造成的影响而发生的成本，包括自然资源消耗和再生产成本、产品制造成本和环境污染成本等。

李虹和刘晓平 (2008) 在分析比较资源流转成本核算方法和传统产品成本核算方法的基础上，分析了企业的环境成本，认为环境成本的效益分析包括经济效益和社会效益。环境成本的核算分析不仅能改善企业环境绩效，降低环境污染，还能提高资源回收利用率。在加强环境成本核算方面应从政府、市场和企业三个角度同时进行。

刘传江、侯伟丽 (2006) 认为企业环境成本是企业因履行环境保护责任，为降低生产经营的产品或服务在生命周期内的环境负荷或执行国家环保政策法规而在一定时期内，采取一系列环境活动所发生的旨在取得环保效果和经济效益的可货币化计量的各种耗费，包括降低污染物排放、废弃物回收再利用与处置、绿色采购、环境管理、支援社会环保活动及环境损害方面的成本。

唐志 (2010) 认为环境成本是商品开采、使用、生产、运输以及回收过程中为解决和补偿环境污染和生态破坏所需的费用之和。环境成本包括正常使用环境资源支付的成本和污染环境所必须支付的成本两部分。影响环境成本的主要因素是环境要素的禀赋程度和环境标准的严格程度。

汪炎汝 (2008) 认为企业环境成本包括自然资源耗用成本、自然资源维持成本、生态环境降级成本和企业污染治理成本。

从以上的文献可以看出，对于环境成本的定义还存在分歧，环境成本包括的内容不同，不过一些权威机构的看法日益成为学术界的主流思想。环境成本在宏观层面的研究较多，在中观和微观层面的研究较少。究其原因在于对环境成本的认识研究不足 20 年，对其定义、计量和核算存在分歧是可能的，尤其是目前对环境造成的损失也在研究探索阶段。中国对环境成本的研究始于国外理论的传播和环境的恶化，其理论和核算体系还需要完善和加强。

对于企业来说，环境成本的研究和核算主要是对其经营效果的影响，而企业是国家和社会的基础，其对环境成本的态度，决定了一个国家和社会对环境的态度。由于企业的性质、经营情况和核算目的的不同，企业对环境成本的认识和核算也就不同，尤其是到目前为止尚未有统一的环境会计准则出台，只要能够准确、恰当地反映企业经济活动对环境的影响，企业对环境成本的定义和核算保留一定的自主权未尝不可。

（二）循环经济的环境成本与环境协同效率

由于生产模式的不同，循环经济生产模式下的环境成本与传统的环境成本也就存在差别。传统的环境成本一般被认为是因为排放污染物而支付的费用，这是事后负担的成本。任爱华（2006）认为，循环经济发展战略下企业的环境成本是指为防止、控制、回避环境负荷的发生，消除对环境的负面影响，恢复环境生态平衡的成本，包括投资额及费用两部分，是可以用货币计量的环境核算要素。投资额是指在一定会计期间以环境保护为目的的环境资产支出额。费用是指以环境保护为目的，由于产品、服务经营消费而发生的财务会计上的费用以及损失。

金再华、高利芳（2005）认为随着循环经济的发展，与环保有关的研究开发成本逐步上升，废弃物成本逐步消亡，并从理论上论述了确认和计量环境成本的方法。指出环境成本的计量应考虑以下几个方面：①内部环境成本的计量，是企业内部发生并进行会计反映的成本，是当期应计入的费用。②外部环境成本的计量，是成本的发生与企业的活动有关，但却由其他主体承担的成本。③不区分内外部环境成本的计量：包括完全成本会计法、生命周期成本法、事前规划法以及环境质量成本法，这是从整体、系统的角度全面考核企业生产经营过程中产生的所有环境成本，以便作为有关环境行为决策的依据。在实际应用操作时，还要根据具体情况灵活选择不同的方法。

王杰（2004）认为循环型企业的环境成本是指为防止、控制、回避环境负荷的发生，消除对环境的负面影响，恢复环境生态平衡的成本，包括投资额及费用额两部分。具体内容包括五个方面：①生产服务活动环境成本，是企业在生产服务活动中发生与环境有关的直接成本。②管理活动成本，是企业进行环境保护的管理活动中产生的成本。③研究开发成本，是企业研究开发成本中与环境保护有关的成本。④社会活动成本，是指在与企业的生产经营活动没有直接关系的社会活动中，与环境保护有关的组织措施成本。⑤环境破坏对应成本，是指企业的生产经营活动给环境带来破坏而对应产生的成本，是企业不希望出现却不得不支付的成本。

王晓燕（2009）认为循环经济的环境成本是指企业因预防和治理环境污染而发生的各种费用支出，以及由此而承担的各种损失。包括环境污染预防成本、环境污染治理成本、废弃物回收再利用成本及环境损失。

本书认为循环型企业的环境成本是防止、控制、回避和治理环境污染而发生的各种费用，包括废弃物回收利用成本、环境污染成本、环境管理和教育成本。废弃物回收利用成本是指企业回收利用废弃物、用于处理废弃物的设备设施所形成的折旧以及有关费用。在循环经济模式的初级阶段，废弃物成本为收集加工的循环利用成本，会有废弃物治理和损害赔偿的成本，在循环经济的高级阶段，随着生产技术和工艺的改进及材料的更新，产生的污染物非常少，几乎不存在污染成本。因此，目前情况下环境污染成本还是指企业生产、消费过程中向环境排放废弃物所发生的各种成本费用和最终处置成本。在循环经济的高级阶段则是指污染物的最终处置成本。环境管理和教育成本是指从事环境保护的管理活动中所发生的成本。例如职工环境教育成本，环境管理机构运作成本，改善工作环境的成本，与环境保护、提高资源利用率有关的研究开发成本等。

环境效率（也称为生态效率）是由世界可持续发展委员会（WBCD）于1992年在里约热内卢地球峰会上提出的,[1] 一般是指产品或服务的价值与所产生的环境负荷的比值，计算公式是：环境效率 = 产品或服务的价值观/环境负荷，此公式说明了一个单位的环境负荷，以及能够创造出多少价值。[2]

环境协同效率是指由于循环经济协同效应，环境成本下降，环境负荷下降，单位环境负荷创造更多的产品或服务价值。

---

[1] 戴玉才：《环境效率——发展循环经济路径之一》，《环境科学动态》，2005年第1期，第20~21页。

[2] 齐建国等：《现代循环经济理论与运行机制》，新华出版社2006年第1版，第250页。

二、循环经济环境成本确认

《环境会计和报告的立场公告》指出,"环境成本应在其首次得以识别的期间加以确认。如果符合资产的确认标准,就应将环境成本资本化,并在当期及以后各受益期间进行摊销;否则,应作为费用计入当期损益。"[①] 循环经济的环境成本也应按照这个标准进行确认。

循环经济下环境成本的确认满足三个条件:第一,企业的交易或事项是否与循环经济的生产方式有关;第二,与循环经济的生产方式有关的交易或事项是否引起企业经济利益的变化;第三,环境成本的表现形式是资产流出、资产递耗和负债增加。

三、循环经济的效益分析

传统经济下的企业仅仅追求自身经济收益,力求企业收益最大化,不考虑社会成本和环境效果,而循环经济下的企业在考虑了环境成本后,所追求的不仅是自身经济收益,还有环境收益以及社会收益等。企业有盈利才能生存,由环境成本所对应的环境收益必须大于环境成本,否则,企业不会主动实施有益于环境的生产方式,即循环经济生产模式。

肖序和万美霞(2003)认为环境成本带来的经济效益体现在以下五个方面:①循环利用能源、资源所带来的费用节约额,降

[①] 陈毓圭:《环境会计和报告的第一份国际指南》,《会计研究》,1998年第5期,第5页。

低了企业的生产成本，从而提高了市场竞争力。②综合利用废弃物和再加工产生新的产品或服务，其销售增加了利润。③通过选择更环保的原材料、改进生产工艺和采用更先进的设备提高了生产效率，提高了经济效益。④达标或由于排放的废弃物减少，节约或减免了相关费用。⑤由于实施清洁生产，获得了环保优惠贷款，节约了利息成本，或获得环保拨款，以及国家给予的税收政策优惠等。

任爱华（2006）认为循环型企业收益包括财务收益和无形收益。财务收益包括产品销售收入、自然资源收入、资源环境保护收入。产品销售收入是指企业销售主营产品及副产品后的销售收入；自然资源收入是指企业通过自然资源减量化投入、废弃物再利用以及再资源化，从而减少的自然资源投入的货币化形式，即节约能源、资源，提高其再生利用率所带来的费用节约额；资源环境保护收入包括达标或由于环境标准的排放而带来的"三废"排污费、罚款、赔款等的节约或减免，排污权交易的所得，实施清洁生产而获得的环保优惠贷款的利息成本的节约，获得的环保拨款，以及国家给予的税收政策优惠等。也就是肖序、万美霞所说的第三项、第四项、第五项。无形收益是指因实施循环战略，环境污染减少，降低了环境危害，从而使企业的形象得到提高，间接增加了企业的经济效益，等等。

因此，循环型企业除了获得在传统生产方式下的效益，还要考虑支付环境成本后的效益。循环经济模式下的成本与收益的关系如图5-1所示。

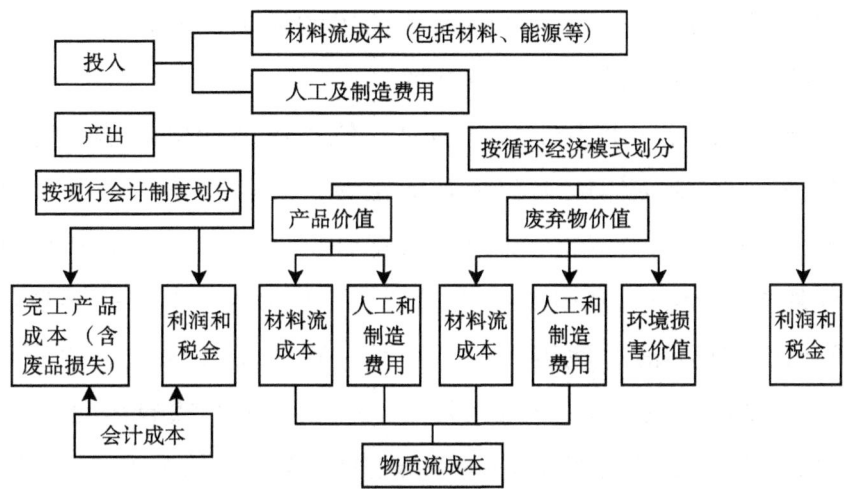

图 5-1 循环经济的成本与收益图

第三节 循环经济环境成本的外部性

一、环境成本的外部性

外部性是市场失灵的一种表现。外部性概念源于阿尔弗雷德·马歇尔（Alfred Marshall）1890 年发表的《经济学原理》中提出的"外部经济"概念。1912 年，马歇尔的学生庇古在其著作《财富与福利》一书中，系统地在马歇尔提出的"外部经济"概念基础上扩充了"外部不经济"的概念和内容，此后被大量学者用于经济分析中。而科斯的"科斯定理"促进了外部性理论的发展以及完善了庇古关于外部性理论论述的缺陷。三位经济学家对外部性理论的发展做出了突出贡献。

外部性是指一个主体的活动对其他主体造成的影响，这个影响或有利于其他主体或不利于其他主体。在经济学中，外部性可以分为正外部性（或称外部经济、正外部经济效应）和负外部性（或称外部不经济、负外部经济效应）。西方经济学界的学者认为由于产权界定不清，使得"公共物品"产生了外部性。"公共物品"出于制度或技术上的原因，其价值属性无法有效地划归私有，从而产生了外部性。环境和某些自然资源的公共产品特征、环境质量的公共产品属性，使得环境问题日益严重。企业的生产经营活动消耗自然资源，向环境排放废弃物存在严重的外部非经济性。例如，冶金企业向环境排放的废气含有二氧化硫、氮化物、氟化物，这些对居民的健康易造成极大的危害，企业支付的污染排放费用难以补偿居民的健康损失。企业的生产行为对居民造成的影响就是企业生产的外部不经济性。环境资源的公共性质和污染排放的外部性决定了环境成本的外部性。

二、外部环境成本的内生化

随着环境问题压力的增大和"污染者付费原则"（即 3P 原则，Polluter Pays Principal）的实施，外部成本正逐步转化为内部成本。循环经济生产方式更是促进了企业环境成本的内生化。

污染者付费原则规定一切向环境排放污染物的单位和个体经营者，应当依照政府的规定和标准缴纳一定的费用，以使其污染行为造成的外部费用内部化，促使污染者采取措施控制污染。这是1970年经济合作与发展组织（OECD）提出的。这一原则的核心就是要求所有的污染者都必须为其造成的污染直接或者间接支付费用。目前，这个原则是国际环境法普遍公认的原则，是经济合作与发展组织和欧洲共同体对环境政策的一个基本原则。当环境资源引入市场体系后，政府可以直接对所有利用空气、水等类似资源而产生外部费用的活动制定价格或收费，这将要求那些把污染物排入大气或水体而占用公共环境资源的活动支付费用。这样就通过价格作用实现环境外部不经济性的内部化，从而达到环境资源的有效配置。

根据污染者付费原则，在其他条件一致的前提下，企业边际成本将增加，最终影响企业决策。环境成本的内部化促使企业改变生产方式，进行清洁生产，实现经济效益和环境效益相结合，实现能源和自然资源的最大限度的有效利用、废弃物最小限度的排放，以及环境负荷最小化。

彭贤则、徐彬（2010）认为在循环经济理念下，企业环境成本内生化是大势所趋，它要求企业将环境成本贯穿于产品的设计、开发、生产、销售以及废弃物处理的全过程，将事前控制、事中监控和事后跟踪有机结合起来。对企业的具体要求是简洁设计、清洁生产、便捷销售、合理处置废弃物等。

外部环境成本内生化具有以下优点：

第一，环境成本内部化能有效地解决环境问题。

刘淑红（2007）认为环境问题产生的根本原因在于环境的"外部不经济"，"外部不经济"的实质是私人成本社会化。环境是一种资源，应当具有价格，要想从根本上解决环境污染和生态破坏，只有把环境作为一种资源计入成本，这样产品的价格才不会发生扭曲，也就是说，只有将环境成本内部化，才能够反映产品的价值，从根本上解决环境与经济的协调问题，从而实现可持续发展。

早在 20 世纪 90 年代，中国的环境损失据不完全统计就占 GDP 3%以上，虽然国家制定了《中华人民共和国环境保护法》、《清洁生产法》、《中华人民共和国循环经济促进法》等多部法律保护环境，缓解经济发展与环境的矛盾，但环境污染的损失仍然在上升，"2011 年，环境损失占中国国内生产总值（GDP）的比重可能达到 5%~6%，大致相当于 2.6 万亿元人民币（合 4100 亿美元），相当于中国庞大外汇储备的八分之一。"[①] 中国环境与经济发展的矛盾仍在上升，为了缓解这个矛盾，阻止环境继续恶化，企业只能将环境成本内部化。

第二，企业环境成本内部化会促进企业的可持续发展。

在环境问题日益紧迫的情况下，环境成本成为企业成本的一部分，不仅遵守了国家法律法规（《中华人民共和国环境保护法》规定"产生环境污染和其他公害的单位，必须把环境保护工作纳入计划，建立环境保护责任制度……"），还承担了环境责任，成为具有社会责任感的企业。同时，环境成本内部化能准确计量企业的产品成本，使企业获得准确的环境信息，从而科学合理地进行生产经营决策，获得绿色竞争力，在国内外贸易中得到绿色比较优势，实现可持续发展。

第三，环境成本内部化能促进环境资源的有效配置。

在市场经济体系中，价格机制是调节资源配置的有效手段。

---

① 何丽：《中国环境损失大幅上升》，英国《金融时报》，FT 中文网，2012 年 3 月 15 日。

但是其前提是各种资源的价格与其价值相等，当价格偏离价值时，价格的作用失效，资源不能得到有效的配置，会出现资源浪费的情况。目前，因消费自然资源和占用环境资源的成本没有计入企业产品成本，而由社会负担，产品价格不能准确反映其价值，企业也不能准确反映其获得的利润，价格体系失去应有的作用。只有环境成本内部化，环境资源具有反映其价值的价格，环境资源才能得到有效配置，减少资源浪费的机会。

三、环境成本的计量

循环经济生产方式要求在生产性企业的生产产品过程中，从源头控制，优化设计，改进工业流程，改进生产工艺，采用技术更先进的设备，节约原材料和能源，采用新型环保原料，淘汰有毒材料；服务性企业改善服务流程，提高服务水平，将环境因素纳入设计和所提供的服务中，减少对环境的危害。对循环经济的环境成本要从全局、系统的观点来考虑，实现对循环经济环境成本的准确计量。

环境成本的计量以货币为主，但因其特殊的性质需加以文字说明（例如无法用货币计量的污染物排放），这是与传统会计成本不同的地方。环境成本的计量方法包括完全成本法、作业成本法、市场法、生命周期成本法、可变现净值法等。因计量的对象不同可采取灵活的方法。

（一）内部环境成本的计量

内部环境成本是发生在企业内部，能明确区分由企业承担和支付的成本，并能明确地加以货币化。例如购买环保设备的投资、与环保有关的研究开发费用、治理环境所发生的费用等。环境成本的计量一般采用作业成本法，它按照产生环境成本的作业来对环境成本进行归集，并建立专门的"环境作业成本库"，然后将其按成本动因分配到有关的产品或流程上。①

（二）外部环境成本的计量

外部环境成本是指企业的生产经营活动对环境造成了危害，但却由其他主体来承担的成本。这种情况下造成的危害一般情况下难以用货币计量，例如钢铁企业炼铁排出的二氧化硫、氮化物、烟尘等进入到空气中，造成大气污染，容易危害当地居民的健康，却难以用货币准确地计量。

目前，外部环境成本的计量方法有四类：①直接市场法，即用与环境有关的活动而产生费用的价格来计量对环境造成影响的成本。包括：市场价值法（生产率变动法）、防护费用法、重置成本法、影子工程（项目）法、人力资本法（收入损失法）、政府认定法、法院裁决法、损害函数法和机会成本法等。例如企业生产活动排出的二氧化硫造成了酸雨，使当地农民的农作物收成下降，可以采用市场价值法来计算由此造成的环境损失。②替代市场法，指当环境影响的经济价值不能直接衡量时，可以用相关的市场价格来替代和构造。主要方法有后果阻止法、资产价值法、工资差额法和旅行费用法等。③假想市场法（人为创造假想市场），指通过调查个人对改进环境质量的支付意愿或承受环境

---

① 金再华、高利芳：《面向循环经济的企业环境成本研究》，《环境保护》，2005年第6期，第64页。

质量损失的接受意愿来确定环境价值,主要方法有意愿调查评价法、投标博弈法、比较博弈法和优先评价法等。④数学模型法,指利用数学模型计量环境成本,主要方法有投入产出模型、模糊数学模型、市场底价模型、净价模型等。对这些方法的使用范围和局限性,陈亮(2009)作了详细的说明,这里不一一叙说。

循环经济认为自然资源和生态环境是社会大众共有的稀缺的自然福利资本,生态环境也应参与到经济循环中并有相应的价格,使外部成本内部化,同时改变企业治理生态环境的内部成本与外部获利的不对称性,使外部效益内部化。[①] 循环经济下的外部环境成本,随着循环经济进入高级阶段,污染治理成本和废弃物处理成本等由于污染的少量排放、资源的循环利用而减少,现实市场法等相应的计量方法也就失去使用价值;另外,例如自然资源、能源消耗成本等转化为内部成本,转化后可利用作业成本法分配计入产品成本,制定合理的售价而予以补偿。

循环经济环境成本的计量要有系统、全面的观点,根据具体情况具体分析,因地制宜,选择合适方法进行核算。

第四节　循环经济协同价值流效应测算

通过物质流的货币化,与企业的固定资产折旧费以及人工费

[①] 金再华、高利芳:《面向循环经济的企业环境成本研究》,《环境保护》,2005年第6期,第66页。

用等形成企业的价值流,因此,循环经济的协同价值流效应,即其经济效益,可以直接用物质流效应数值乘以各种资源的价格,以及折旧费和人工费用计算得到。循环经济价值流效应的计算步骤如下:

第一,计算因资源利用率提高而减少的资源直接投入($\Delta EDMI_e$)而节约的成本($\Delta CEDMI_e$)。用各种节约的原材料或能源的价格乘以节约的量。计算公式为:

$$\Delta CEDMI_e = p \times \Delta EDMI_e \tag{5-1}$$

式中,p是原材料或资源的价格,一般为市场价。

第二,计算因资源循环利用率提高而减少的循环资源投入($\Delta ERMF_{re}$)而节约的成本($\Delta CERMF_{re}$)。用各种循环利用的物质的价格乘以循环利用资源的量,同时减去因资源的循环利用而增加的费用(CER),包括增加的固定资产投资折旧费、增加的人员报酬以及其他费用。例如,钢铁厂回收煤气发电,需要发电设备、厂房,需要增加工作人员,这些都需要新的投资,以及增加的其他经营成本。计算公式为:

$$\Delta CERMF_{re} = p_r \times \Delta ERMF_{re} - CER \tag{5-2}$$

式中,p_r是循环利用的资源的价格,既可以是企业的内部成本,也可以是市场价格。

成本的节约不仅提高了企业的经济效益,也有利于环境的改善。$\Delta CEDMI_e$和$\Delta CERMF_{re}$均直接体现为企业经济效益的提高。

第三,计算因隐性物质投入率降低而减少的隐性物质量($\Delta EHMF_{eh}$)降低的成本($\Delta CEHMF_{eh}$)。可以用重置成本法或固体废弃物处置成本等作为隐性物质的价格(p_h),计算这部分成本。计算公式如下:

$$\Delta CEHMF_{eh} = p_h \times \Delta EHMF_{eh} \qquad (5-3)$$

第四,计算因废弃物率降低而减少的废弃物(ΔEPO_{ew})排放而降低的成本($\Delta CEPO_{ew}$)。用废弃物的处置成本(或市场价,用p_o表示)乘以减少的废弃物(ΔEPO_{ew}),同时应减去因降低废弃物率而增加的费用(CEO)。例如钢铁厂为了减少二氧化硫的排放,而增加的除硫固定资产投资的折旧费、人员工资以及其他相关的费用。计算公式为:

$$\Delta CEPO_{ew} = p_o \times \Delta EPO_{ew} - CEO \qquad (5-4)$$

如果废弃物的再利用形成了新的产品,应计算新产品带来的经济效益。

第五,利用废弃物创造新的产品而带来的经济效益(NPR)。计算方法如下:

(1)计算新产品带来的收入(New Production Income,NPI)。

(2)计算与新产品有关的各项费用(New Production Costs,NPC),NPI 和 NPC 的差值是新产品的利润(New Production Profit,NPP)。

(3)如果在利用废弃物生产新产品之前,废弃物的销售能带来收入(Enterprise Processed Output Income,EPOI),则因新产品带来的经济效益由新产品的利润扣除这部分收入。例如钢铁厂产生的水渣,在钢厂没有生产水泥之前销售给水泥厂获得水渣销售收入,因此,钢铁厂因利用水渣生产水泥获得的经济效益应扣除水渣收入。如果在废物生产新产品之前,废物是作为废弃物处理,还要有处置成本(Enterprise Processed Output Cost,EPOC),则新产品带来的经济效益由新产品的利润加上废物的处置成本。

新产品的经济效益为:

$$NPR = NPI - NPC - EPOI \tag{5-5}$$

或：

$$NPR = NPI - NPC + EPOC \tag{5-6}$$

至此，循环经济的价值流效应包括以下几部分：一是资源利用效率提高减少了资源直接投入而节约的成本（$\Delta CEDMI_e$）；二是资源循环利用率提高减少了循环资源投入而节约的成本（$\Delta CERMF_{re}$）；三是隐性物质投入率降低减少了隐性物质量而减少的环境成本（$\Delta CEHMF_{eh}$）；四是废弃物率降低减少了废弃物而减少的环境成本（$\Delta CEPO_{ew}$）；五是废弃物创造新产品带来的经济效益（NPR）。计算公式为：

$$ESRV = \Delta CEDMI_e + \Delta CERMF_{re} + \Delta CEHMF_{eh} + \Delta CEPO_{ew} + NPR \tag{5-7}$$

在第四章提到，计算循环经济的协同物质流效应时还有一种情况，是采取循环经济发展策略和没有采取循环经济发展模式的对比。这种情况下，企业的产品及产量相同，不同的是资源循环利用减少了资源投入，并且废弃物排放也减少了。这时计算方法和步骤如下：

首先，计算因资源的循环利用而节约的成本，计算方法是资源循环利用的量直接与其价格相乘，扣除因资源循环利用而增加的成本费用（CER），例如增加的固定资产投资的折旧费、人员工资等。计算公式为：

$$CERMF = p_r \times ERMF - CER \tag{5-8}$$

p_r 是循环利用的物质的价格，可以是企业的内部成本，也可以是市场价格。

式（5-8）与式（5-2）非常相似，都是循环利用物质的成本，一个是直接成本，另一个是成本之差。

其次，计算废弃物利用前后的效应。这种情况下，直接用废弃物的价格乘以利用的废弃物即可，计算公式为：

$$CEPO = p_o \times EPO \tag{5-9}$$

如果废弃物创造了新的产品，则用式（5-5）或式（5-6）来计算。

至此，循环经济的协同价值流效应为：

$$ESRV = CERMF + CEPO + NPR \tag{5-10}$$

这是计算循环经济协同价值流效应的基本方法和步骤，但是应因地制宜，根据具体情况具体对待，不能拘泥于形式，而应根据企业循环经济发展的阶段、采取的措施、企业的生产经营情况、原材料、能源消费以及产品的特点区别对待。

值得注意的是，在应用上述计算方法和步骤时，由于企业的产出、原材料、能源种类不一，循环利用的物资也有可能不止一种，排放的污染物也不可能只有一种，应抓住重点，分别计算，不能一概而论。

在计算的过程中，应根据计算的对象和投入的不同，区别经济效应、环境效应和社会效应。经济效应是企业的经济利益，即企业节约的成本和利用废弃物新创造产品的利润，上述计算的价值流效应的第一、第二和第五部分；环境效应是企业的生产活动对环境的影响，鉴于数据和条件所限，不能全部用数据表示，即上述计算的价值流效应的第三和第四部分；社会效应是企业对社会的贡献，也只能部分地用数据表示，比如因处理废弃物和延长生产链而增加雇用工人的报酬等，这需要从企业的财务数据中获得。

第六章 循环经济的投入产出分析

投入产出分析是研究和分析部门之间相互依存、相互联系的一种数量方法。自从产生以来已广泛运用到各个领域和部门。本章在介绍了投入产出分析法的产生、发展，投入产出表的基本理论和方法以及种类后，在此基础上考虑企业实际情况以及循环经济不同于传统经济的特点，设计了循环经济发展方式下的企业投入表（消耗表）和产出表（制造矩阵），投入表能清楚地反映企业内部产品和资源的使用情况、资源的循环利用情况以及废弃物的利用情况；产出表能反映企业的全部产出情况，包括废弃物。两者都可以是实物型和价值型，便于分析比较循环利用资源的价值量占投入的比重、排放的污染物对环境的影响等，分析循环经济的协同效应。

第一节 投入产出分析

一、投入产出分析法的产生和发展

投入产出分析法，又称投入产出技术或投入产出模型，运用现代数学方法和计算机，研究和分析国民经济各个部门之间、再生产各环节之间相互依存关系的经济数量分析方法。其中，投入是一个系统进行某项经济活动的消耗，产出是系统进行某项经济活动的结果。投入产出分析法自从产生以来已广泛运用到各个领域和部门，并在传统的投入产出模型的基础上衍生出产品和劳务投入产出模型、劳动投入产出模型、固定资产投入产出模型、环境污染投入产出模型等多种模型。

系统进行各种活动总有投入和产出，投入和产出之间有一定的数量规律。投入产出分析法首先根据经济理论提出模型，然后根据模型收集数据，编制投入产出表，建立投入产出模型进行分析计算。

（一）投入产出分析法的产生

投入产出分析法产生于 20 世纪 30 年代，由美国著名经济学家哈佛大学教授瓦西里·列昂惕夫（W.W.Leontief）最早提出。

第六章 循环经济的投入产出分析

1936 年，列昂惕夫的论文《美国经济系统中的投入与产出数量关系》在美国的《经济统计评论》上发表，这是关于投入产出的第一篇论文，标志着投入产出分析法的产生。1941 年，列昂惕夫的著作《美国经济结构（1919~1929）》在哈佛大学出版社出版，系统地论述了投入产出的原理和方法，公布了美国 1919 年和 1929 年的投入产出表。随后，该书补充了美国 1939 年投入产出表于 1951 年再版。1953 年，列昂惕夫与其他的经济学家合作出版了《美国经济结构研究》，进一步完善了投入产出分析法的理论体系。

投入产出分析法的产生是社会发展的需要和社会历史背景。列昂惕夫原籍俄国，20 世纪 20 年代在圣彼得堡大学学习期间，深受马克思主义经济理论影响，并研究和参加了苏联的计划统计工作，参与编制 1923/1924 苏联的国民经济平衡表。马克思提出的两个部门再生产模型和苏联国民经济的各种价值表、分配平衡表、实物表，对列昂惕夫的投入产出分析法产生了重大影响。投入产出分析法产生于 20 世纪 30 年代，其重要的历史原因在于 1929~1933 年资本主义世界爆发了大规模的经济危机，原来适用的经济理论不再发挥作用。一些经济学家提出用数学方法和统计资料来研究经济问题，改造原来的经济理论，找到经济运行和发展的规律，预防经济危机的爆发。另外，凯恩斯学派主张通过增加政府开支、减免税收、调节利率、控制货币发行量等政府干预手段，影响投资和消费，预防经济危机的发生。但是，运用数学知识进行试验性研究，顺应了当时的生产状况对经济反响、经济管理、经济预测精确化的要求。列昂惕夫在这种历史环境下顺应时代的要求提出了投入产出分析法。

投入产出分析法的另一个理论来源是法国经济学家魁奈

（Quesnay）提出的"经济表"，以及法国经济学家瓦尔拉斯（Walras）的一般均衡理论。魁奈的经济表以图表形式描述了生产者与消费者之间在商品和劳务上的数量关系，用数字和公式表示一个国家的产出和耗费在居民之间的分配情况。这对马克思建立简单再生产和扩大再生产的图式起了重要作用。利用图表和公式来表示经济部门之间的相互联系的方法深刻影响了投入产出分析法的产生。一般均衡理论早在1874年由瓦尔拉斯提出。瓦尔拉斯认为在一般均衡体系中应同时决定各种商品的价格和供应量，它们之间是相互联系和相互作用的，一种商品价格和数量的变化将会引起其他商品数量和价格的变化。研究商品的价格和数量时，要考虑研究全部商品的价格和数量，均衡是全部市场的，局部均衡是不稳定的，只有全部均衡才能达到均衡状态。瓦尔拉斯是用数学公式来阐述一般均衡价格决定思想，用数学联立方程式描述各部门之间的相互依存关系，任何局部的最初变化对经济体系各个部分的影响都能够清晰地表现出来，这为列昂惕夫建立各经济部门之间的联系提供了很好的例证。列昂惕夫认为投入产出分析法的经济理论基础来自于瓦尔拉斯认为的一般均衡理论。[①]

（二）投入产出分析法的发展

投入产出分析法产生后，并没有得到政府和经济学界的关注。直到20世纪40年代初，第二次世界大战爆发后，美国政府需要知道军火生产对整个经济活动的影响，在列昂惕夫的主持和指导下，编制了美国1939年的投入产出表，得到了政府部门的

[①] 陈锡康、杨翠红等：《投入产出技术》，科学技术出版社2011年第1版，第4~6页。

重视。随后，美国又编制了 1947 年、1958 年、1963 年及 1966 年的投入产出表，其中 1947 年投入产出表包括 500 多个生产部门，详细反映了各部门之间的联系。这是世界上第一个大型投入产出表，规模巨大，得益于计算机的发展，才能求解大型线性方程组。

投入产出分析法在美国得到重视后，迅速传播到其他国家。一些国家开始编制投入产出表，例如英国、丹麦、荷兰、加拿大、挪威和澳大利亚，20 世纪 50 年代后日本、联邦德国和法国等国也开始编制投入产出表。苏联和一些东欧国家以及发展中国家，如埃及、印度、哥伦比亚、秘鲁和赞比亚等，也开始编制投入产出表。20 世纪 60 年代初，投入产出表传入中国，之后，东南亚、非洲、拉丁美洲的一些国家也开始运用投入产出分析法进行经济分析。目前，世界上有 100 多个国家和地区编制投入产出表，用来分析研究各部门之间的相互影响和作用，进行分析和预测、动态规划等。1950 年，联合国成立了"投入产出学会"，利于召开投入产出国际研讨会，促进投入产出分析法的应用和发展。联合国统计局在 1968 年把投入产出核算作为国民经济核算体系的一个重要组成部分，在 SNA 1993 年版本及其修订本中，投入产出分析仍是主要的一部分。[1]

中国运用和研究投入产出分析法虽然起步晚，但应用领域广泛，模型种类繁多，具有明显的中国特色。中国科学院投入产出专门领导小组成立于 20 世纪 50 年代，由著名经济学家孙冶方、著名科学家钱学森倡导。20 世纪 60 年代初，中国科学院的研究

---

[1] 廖明球：《投入产出及其扩展分析》，首都经济贸易大学出版社，2009 年第 1 版，第 23 页。

人员编制了鞍山钢铁联合企业的投入产出表。中国第一张投入产出表是 1973 年国民经济投入产出表，是由中国科学院的部分研究人员建议和编制的，是 61 种产品实物型投入产出表，这是中国正式运用投入产出分析法的标志。随后，编制了 1979 年和 1981 年投入产出表（陈锡康，2011）。在这期间，国家、地区、某些部门和企业开始编制投入产出表，掀起了投入产出分析应用的高潮。在中国科学院专家建议下，1987 年 3 月，国务院办公厅发出了《关于进行全国投入产出调查的通知》（国办发 [1987] 18 号），并在原则上要求各省市自治区以及计划单列同步编表。明确规定每 5 年进行全国投入产出调查，编制投入产出基本表，即逢 2、7 年编制，逢 0、5 年编制投入产出延长表。中国投入产出分析应用进入规范化、制度化阶段。截至目前，中国的投入产出表已编制出版了 1987 年、1992 年、1997 年、2002 年、2007 年投入产出基本表，1990 年、1995 年、2000 年和 2005 年的投入产出延长表。其中 1987 年和 1990 年的表采用的是物质平衡表体系（Material Product Balance System，MPBS），此后，使用的是联合国提倡的国民账户体系（System of National Account，SNA）。

1987 年 3 月，由中国科学院系统科学研究所、中国人民大学和国家统计局联合发起成立中国投入产出学会，1988 年 10 月在江西省九江市召开第一届年会，从此，每隔 3 年开一次，每一次年会都择优出版论文集。这些都推动了中国投入产出分析法的研究和发展。

（三）投入产出分析法的基本原理

投入产出分析法研究的核心是部门之间的经济关系，根据部门之间的经济联系进行综合平衡研究。

1. 部门之间的经济关系

在社会经济运行中，各个产业部门之间存在错综复杂的关系，产业部门之间可以归类为三种：单向联系和双向联系、顺联系和逆联系、直接联系和间接联系[①]。

（1）单向联系和双向联系。单向联系是指两个产业之间，第一个产业消耗第二个产业的产品，而第二个产业不消耗第一个产业的产品。例如，谷物磨制业和方便食品制造业的联系是单向联系。如果两个产业之间是互相消耗，相互提供产品则是双向联系，例如农业和肥料制造业。

（2）顺联系和逆联系。这是按照产品的加工顺序来分类的。顺联系是指加工程度高的部门消耗加工程度低的部门产品的联系，例如食品业消耗农业的产品。逆联系是指加工程度低的部门消耗加工程度高的部门的产品的联系，例如煤炭产业消耗电力。

（3）直接联系和间接联系。在多个部门之间的联系是复杂的，有的产业之间有直接关系，有的产业之间没有直接关系，称为间接联系。例如，煤炭产业不直接消耗生铁，但要消费钢产品，因此煤炭产业与生铁产业之间是有联系的。

2. 类别划分和费用区分

投入产出表需要划分需要类别和投入费用。

（1）一个国家或地区的生产成果可以划分为中间使用和最终使用。中间使用是指在生产过程中被各个部门使用的产品，最终使用是指用于消费、投资和出口的产品，是生产的最终成果，也

[①] 廖明球：《投入产出及其扩展分析》，首都经济贸易大学出版社，2009年第1版，第25页。

称最终需求。最终需求中的消费、投资和出口的结构不同，所对应的生产结构也就不同，反之亦然。投入产出分析可以测算中间使用和最终使用之间的相互影响。需要类别之间的划分是建立投入产出行模型的基础。①

（2）投入可以分为最初投入和中间投入。最初投入包括固定资产折旧、劳动报酬、生产税净额和营业盈余，即增加值。中间投入是指购买原材料、能源等的费用，与中间使用对应。投入的划分为建立投入产出列模型提供了基础。

二、投入产出表

投入产出分析法是依据投入产出表的数据建立投入产出模型进行分析研究。

（一）投入产出表的理论基础

1. 投入产出表的经济理论基础

列昂惕夫创立的投入产出表是以新古典学派的代表人物瓦尔拉斯的一般均衡理论为基础的。而瓦尔拉斯深受马克思的再生产理论的影响。所以说马克思的再生产理论也是设计投入产出表的经济理论基础。将马克思再生产理论中的社会总产品价值构成、两大部类划分、再生产四个环节的不断循环等利用到投入产出表的设计中②。

---

① 廖明球：《投入产出及其扩展分析》，首都经济贸易大学出版社 2009 年第 1 版，第 26 页。
② 廖明球：《投入产出及其扩展分析》，首都经济贸易大学出版社 2009 年第 1 版，第 26~27 页。

2. 设计投入产出表的方法论基础

关于如何设计投入产出表，有许多方面的问题，本书只关注两个：部门的划分以及产品的计算和估价问题。

第一，部门的划分。投入产出模型研究国民经济各部门之间的投入和产出的数量依存关系，部门划分的正确与否和详细程度，会直接影响到投入产出表的分析和应用效果。投入产出表的部门是按产品划分的，称为"纯部门"，与一般经济活动中企业部门和管理部门是不同的。部门划分的标准有两条：一是根据产品的消耗构成来划分部门，就是把消耗构成相同的产品划归同一个部门，消耗构成不同的产品划归不同的部门；二是根据产品的用途来划分部门，把用途相同的产品划归同一个部门，用途不同的产品划归不同的部门。

部门分类的详细程度取决于编表的目的、获得数据资料的可能性以及时间问题。部门划分太粗达不到研究问题的目的，划分太细则不能抓住社会再生产中主要的问题。目前，中国全国价值型投入产出表二级分类是42个部门，三级分类是137个部门。

第二，产品的计算和估价。因为投入产出分析法研究的是部门之间的依存数量关系，部门的产品计算和估价就非常重要。农业总产出是农业总产值，采用产品法计算。工业总产出是按工厂法计算的总产值，这样避免了工厂内部自产自用产品的计算。建筑业总产出是建筑安装工作量，是建筑业总产值。商业总产出采用差价计算，计算商品的进销差价。饮食业总产出是其营业收入。其他服务部门有营业收入的取其主营业务收入；没有收入的部门，依靠政府拨款的，取其经常性支出。各部门中间投入是中间使用价值,包括原材料、燃料、动力以及相关费用[①]。

投入产出表的价格采用生产者价格。

(二) 投入产出表的种类

投入产出表按照研究的计量单位、范围不同分为两大类。

按照投入产出表编制的范围不同可以分为世界投入产出表、全国投入产出表、地区投入产出表、部门投入产出表、企业投入产出表和地区间(国家间)投入产出表。

按照分析和研究的计量单位不同,投入产出表分为价值型投入产出表、实物型投入产出表、劳动型投入产出表、能量型投入产出表和混合型投入产出表五大类。价值型投入产出表中,所有的数值都是按价值计算的,计量单位只有货币一个。实物型投入产出表中,实物的计量单位大多不同,有许多个单位。

价值型投入产出表反映产品的技术经济联系,实物型投入产出表反映产品的生产技术联系。目前国际上大部分国家的投入产出表是价值型的,极少编制实物型投入产出表。实物型投入产出表的优势是不受价格变动的影响,更准确地反映资源消耗和污染物的排放情况,对经济技术与结构关系及其变化的反映比价值型投入产出表更为真实(陈锡康等,2011)。缺点是不能涵盖所有的部门,当企业的产品种类变化较大时,企业实物型投入产出表适用性不强,需要及时更新,没有价值型投入产出表稳定。

出于研究的需要,本章只介绍一般的价值型和实物型投入产出表。

---

① 廖明球:《投入产出及其扩展分析》,首都经济贸易大学出版社2009年第1版,第29~30页。

1. 价值型投入产出表

价值型投入产出表采用货币计量单位，运用价值量指标编制，反映一个国家或地区社会经济各部门之间的投入产出关系。价值型投入产出表的一般形式如表 6-1 所示。

表 6-1 水平方向描述了各部门产品的使用情况，分为中间产品和最终产品两部分；垂直方向描述了各部门生产过程的消耗，也就是投入情况，分为中间投入和最初投入两部分。水平方向与垂直方向纵横交错，形成棋盘表式，分为四个象限。

第 I 象限由中间投入和中间产品交叉组成，由 n 个部门组成一个方阵。从横向看，表示某部门的产品用于满足各个部门中间需求的情况，或者说某部门的产品在各个部门之间的分配。从纵向看，是某部门对各个部门产品的中间小计。所以说，x_{ij} 具有双重含义。反映了部门间技术经济联系，是投入产出表最重要的部分。

第 II 象限是第 I 象限在横向方向的延伸，是中间投入与最终产品的交叉，是最终需求矩阵，反映了各部门的产品分别有多少用于最终消费、投资和出口。横向表示各部门产品用于不同最终需求的数量，纵向表示最终消费、投资和出口的产品构成。

第 III 象限是第 I 象限在垂直方向的延伸，是中间产品和最初投入的交叉，称为最初投入矩阵，或增加值矩阵。该象限反映国内生产总值的初次分配。横向表示增加值各构成部分的数量及部门构成，纵向是各个部门的增加值构成和数额。

价值型投入产出表的平衡关系为：

中间产品 + 最终产品 = 总产品

中间投入 + 最终投入 = 总投入

表 6-1 价值型投入产出表

投入 \ 产出		中间产品		最终产品			进口	总产出
		部门1 部门2 ··· 部门n	合计	最终消费	资本形成	出口		
中间投入	部门1 部门2 ⋮ 部门n 合计	x_{ij} I		y_i II				x_i
最初投入	固定资产折旧 劳动者报酬 生产税净额 营业盈余	n_j III						
总投入		x_j						

$$\sum_{j=1}^{n} x_{ij} + y_i = x_i \quad (i = 1, 2, \cdots, n) \tag{6-1}$$

$$\sum_{i=1}^{n} x_{ij} + n_j = x_j \quad (j = 1, 2, \cdots, n) \tag{6-2}$$

2. 实物型投入产出表

实物型投入产出表能直观地反映产品的流向。实物型投入产出表与价值型投入产出表比较，具有三个优点：第一，实物产品平衡是全国、部门、企业进行规划和平衡的基础，尤其是企业是以产品的产销制定年度规划的，实物计量符合工作的需要和分析的要求。第二，避免价格的波动影响，方法简单。第三，随着环境的恶化和能源的短缺，对能源和污染物的研究越来越多，而能源、污染物等需要实物计量单位。只有用实物计量单位才有意义。

任何一种方法有优点必然有缺点，实物型投入产出表的缺点包括以下三项：第一，因为计量单位的不同，产品的种类不同不能进行加减运算,无法进行综合计算。第二,实物投入产出表垂直方向不能加总,没有纵向平衡。第三,实物型投入产出表不能包括所有的部门,例如大部分服务业,因为没有实物产出,所以没有包括在内。

实物型投入产出表是以产品种类划分的,表6-2是实物型投入产出表。

表6-2 实物型投入产出表

投入	产出	计量单位	中间产品					最终产品			总产品
			1	2	…	N	其他	消费	资本形成	净出口	
中间投入	1 2 ⋮ n	…			q_{ij} Ⅰ				y_{ij} Ⅱ		Q_i

表6-1的横向描述了各产品的使用情况,纵向描述了各产品生产过程中的消耗,即投入情况。在横向上,产品按照用途分为中间产品和最终产品两部分。

因为每一行是同一种产品,所以相加有意义。而每一列是不同的产品,即使计量单位相同,不同质的产品也不能进行加总求和。因而实物型投入产出表没有纵向模型,这是与价值型投入产出表的一个重要区别。中间产品、最终产品与总产品的平衡关系如下:

$$\sum_{j=1}^{n} q_{ij} + \sum_{j=1}^{n} y_{ij} = Q_i \quad (i = 1, 2, \cdots, n) \tag{6-3}$$

第二节 循环经济投入产出表

一、投入产出表的种类

经济活动与自然环境是密切联系在一起的,经济活动从自然环境获取资源进行生产消费,又向自然界排放废弃物。随着经济的发展,向自然界排放的废物越来越多,环境问题成为人类必须解决的问题。废弃物作为经济活动必不可少的产物,与技术水平、经济结构、消费行为有着密切的关系。把废弃物的产生与经济活动结合在一起,反映两者之间的技术经济关系和数量关系,是投入产出分析可以解决的问题。而传统的投入产出表没有考虑污染和废弃物的利用问题,不适合研究目前的经济环境问题,于是,有的学者考虑在列昂惕夫的传统投入产出模型上加以扩展,以研究经济与环境的部门之间的关系。在 20 世纪 70 年代,列昂惕夫建立了环保型的投入产出表。

(一)环保型投入产出表

早在 1970 年,由于西方发达国家环境出现恶化,投入产出分析法的创立者列昂惕夫在他的论文 "Environmental Repercussions and the Economic Structure: An Input-output Approach" 中建

立了环境保护投入产出分析模型。他在投入产出表的投入列中加入了"污染物消除"项,在产出行中加入了"污染物产生"项。利用这一模型,可以分析限制污染物的产生会给产业结构、价格造成的影响,以及为了消除污染社会经济需要付出的代价。列昂惕夫的环保型投入产出表如表6-3所示。

表6-3 环保型投入产出表

	农业	制造业	污染治理部门	居民消费	合计
农业 (蒲式耳)	26.12 ($52.24)	23.37 ($46.74)	0	55 ($110)	104.5 (¥208.99)
制造业 (码)	14.63 ($73.15)	7.01 ($35.05)	6.79 ($33.94)	30 ($150)	58.43 (¥292.13)
污染物 (克)	52.25	11.68	-33.93	30 ($101.8 用于治理 33.93 克的污染物)	
劳动 (人/年)	83.6 ($83.6)	210.34 ($210.34)	67.86 ($67.86)	0	361.8 (¥361.8)
合计	$208.99	$292.13	$101.8	$361.8	

资料来源:Leontief,"Environmental repercussions and the economic structure: An input-output approach",Review of Economics and Statistics,1970,52(3),p.268.

列昂惕夫的环保型投入产出模型的假定是产生的污染能被完全消除,这显然是不可能的。但是,这是第一个环保型投入产出模型,为后来关于环境保护投入产出模型的研究奠定了基础。

国际投入产出学会第15届大会的主题是"深入应用于宏观经济与政策,企业经营与竞争、能源、环境及可持续发展,以及区域发展、国际经济等重要领域的投入产出分析理论、模型和应用技术"。会上建议根据经济管理的需要,编制特殊行业和特殊用途的投入产出表,如劳动力投入产出表、能源投入产出表、水利投入产出表等,用以研究经济的可持续发展问题、环境保护问题、自然资源开发和保护等方面的问题;探索适合企业,行之有效的企业投入产出表编制方案，使其在加强企业核算、改进企业经营管理方面发挥作用。陈锡康、杨翠红等（2011）提出了两种环境保护投入产出模型，都是混合型的模型，一种是在投入栏增加了污染部门，在产出栏增加了消除污染部门，另一种是在投入栏和产出栏都增加了消除污染部门。污染部门和消除污染部门的计量单位是实物单位。

（二）废物投入产出表

日本的 Koji Takase（2002）建立了日本 1995 年的废物投入产出表（WIO），包括 179 行（包括产品和服务产出部门、废物处理，共 94 类，废物产出 42 类，废物投入 42 类，环境负荷 3 类和其他 2 类）和 94 列，是价值和实物的混合模型。Nakamura 在 2005 年建立了日本 2000 年的废物投入产出表，后又经过多次修改，2010 年的投入产出表包括 272 行和 131 列，也是混合型的模型。Nakamura 的投入产出表比 Takase 的投入产出表分类更细，内容更全面。无论是 WIO 还是 EIO，针对的不是循环经济的减量化，没有涉及循环经济的根本，没有揭示资源循环的过程和资源利用效率的问题，而是废弃物的处理问题，这对于分析经济过程中废物排放和治理的情况是比较有效的。Nakamura 还建立了废物投入产出的数量模型和价值模型，利用 1995 年日本投入产出表对废物的区域集中管理进行了实证分析，结果发现废物集中管理能有效地降低废物产出。

（三）企业环境经济投入产出表

汪炎汝（2008）在界定企业环境成本的基础上，根据投入产出模型的一般性框架和宏观环境经济投入产出模型，结合企业生产经营活动的一般过程和特点，构建了企业环境经济投入产出模型。模型在传统的企业投入产出表基本形式基础上，在主栏（投入）增加了"自然资源耗用"和"生态环境降级"部门，在宾栏（产出）增加了"资源恢复"和"污染治理"部门。在目前的技术条件下，由于环境污染和治理并不存在对等关系，汪炎汝特地指出"在通常的投入产出模型中，物质的生产和使用是平衡的。但是，在同时引入自然资源消耗与资源恢复、生态环境降级和污染处理的环境经济投入产出的模型中，自然资源消耗量与资源恢复量是不相等的，污染的排放量与实际治理量也是不相等的。这主要是由于技术原因很难做到完全治理污染和恢复资源，并且，不可再生资源是不可能得到恢复的。因此，在有关计算模型中必须引入恢复比例或治理比例"。也就是说，包含环境经济的投入产出表不可能像传统的投入产出表那样做到生产和使用的平衡。

（四）循环经济投入产出表

佟仁城等（2008）在分析循环经济路径的基础上，把循环经济分为生产、消费、废弃物的排放、废弃物的回收、废弃物的再利用、废弃物的再生和垃圾处理7个关键环节，根据这7个环节，设立了生产、居民消费、废弃物再利用、废弃物再生、废弃物排放、废弃物回收和垃圾处理7个部门，构建了循环经济的投入产出表，是一个混合模型。这个模型全面地反映了资源的循环利用、废弃物的再利用和处理情况，是一个理论模型。

(五) 几种投入产出表的比较

列昂惕夫的环保型投入产出模型的假定是产生的污染能被完全消除，这与现实不符，在现实生活中是做不到的。但是，这是第一个环保型投入产出模型，为后来关于环境保护投入产出模型的研究奠定了基础。

而废物投入产出模型针对的是废弃物末端治理，只是阐明废弃物的处理问题，循环经济的根本在于减量化，没有涉及循环经济的根本，无法揭示资源循环的过程和资源利用效率的问题，对于分析经济过程中资源循环利用和减量化是基本无效的。

企业环境经济投入产出模型是从环境成本的角度出发，衡量环境成本对企业经营的影响，并且"在通常的投入产出模型中，物质的生产和使用是平衡的。但是，在同时引入自然资源消耗与资源恢复、生态环境降级和污染处理的环境经济投入产出的模型中，自然资源消耗量与资源恢复量是不相等的，污染的排放量与实际治理量也是不相等的。这主要是由于技术原因很难做到完全治理污染和恢复资源，并且，不可再生资源是不可能得到恢复的"。该模型没有涉及资源的循环利用和废弃物的处理，不适合研究循环经济。

从理论上讲，循环经济投入产出表在宏观层面上适合研究循环经济，但是与传统的投入产出表相比，部门设计复杂，与现行的统计制度相差甚远，可行性以及可操作性较差。鉴于环境经济学的发展，不可再生资源以及废弃物资源、再生资源的货币价值无法确定，使得本表并不能如传统的投入产出表一样平衡，其应用性更低，在目前情况下是无法应用的，所以说只是一个理论模型。

企业是一个国家的基本生产单位，也是实施循环经济的生产单元。一个国家循环经济实施的程度如何在于企业是否采取循环经济生产方式，本书通过建立企业循环经济的投入产出模型，研究企业实施循环经济的资源利用效率和环境效率情况。

二、物质流与投入产出表

物质流分析是按照资源流动的路径，分析资源在生产、消费、处置过程中量的变化，尤其是有大量物质和能源在循环流动时，按照其流动的路径分析，能有效地看到资源量的变化和重复利用，所以说物质流分析是研究循环经济的有效手段。但是，涉及数量的变化时，尤其是分析各个生产部门的回收利用物资和废弃物产出情况时，物资流动图的显示则不如投入产出表，投入产出表是棋盘式的表格，物资的投入产出表示在一个表格中，物资的来源和去向十分明确，不论研究整个企业还是研究其中某一个生产部门的产出和消耗，非常方便。

物质流分析与投入产出表结合，可以发挥两者的优点，不仅反映物资的流向和利用，还能反映部门之间的技术经济联系。因此本书在物质流分析的基础上，建立循环经济企业的投入产出表。

三、循环经济企业的投入表和产出表

循环经济作为新的经济发展范式，力求做到"废弃物资源化和无害化，污染排放最小化"。目前对循环经济理论研究较多，在量化分析方面相对较少。国外对循环经济的量化分析多基于微观层面，关于废物治理的量化分析较多，例如日本的 Koji Takase

（2002）建立了日本 1995 年的废物投入产出表。Nakamura 在 2005 年建立了日本 2000 年的废物投入产出表，后又经过多次修改成为 2010 年的投入产出表，是混合型的模型。

对循环经济的发展和效果评价，国内学者多是建立评价指标体系进行评价，比如陈文晖、牛桂敏、元炯亮等。2006 年，诸大建和邱寿丰（2006）提出用生态效率评价循环经济，并设计了生态效率的指标体系。这还是用指标体系来评价循环经济，没有超出指标体系的范围。

佟仁城等（2008）建立的循环经济投入产出表全面地反映了资源的循环利用和废弃物的再利用和处理情况，与传统的投入产出表和 WIO 以及 EIO 相比，部门设计复杂，与现行的统计制度相差甚远，可行性以及可操作性较差。钢铁企业是高污染高耗能企业，从铁矿石到钢材要经历一系列的物理和化学变化，在生产流程中既消耗能源又消耗非能源，产生各种污染物或废弃物。在生产过程中，产品转换、能量转换和污染物排放互相交叉，十分复杂，因此分析物质流、能量流和污染物流之间的相互影响和关系，对于降低企业能源消耗和污染物排放非常重要。

根据投入产出模型的前提条件，宏观的投入产出表有一个基本假定，即"纯部门"假定，假设每个部门生产单一的产品，即使一个企业生产不同的产品，则把不同的产品划归不同的行业。但对企业来说，即使企业生产不同的产品，也不可能划分为不同的部门，因此标准的投入产出表不适合企业。为了准确地反映企业生产、投入情况，应根据企业的情况，选用产品—部门投入表（简称 USE 表，也称消耗表）和部门—产品产出表（OUTPUT 表或 MAKE 表，即生产表），反映企业的消耗和生产情况。

(一) 企业的投入表

企业的投入表是产品×部门的棋盘式表格,价值型投入表与投入产出表相比只有第Ⅰ象限和第Ⅲ象限。实物型投入表则只有第Ⅰ象限,表示各个部门消耗的各种产品情况,如表6-4所示。价值型表比实物型表多了最初投入部分,放于表的最下部分。

表6-4是m个部门对自产产品、循环产品和外购产品的消耗情况。

u_{ij}表示j部门消耗i自产产品的数量,r_{ij}表示j部门消耗i回收产品的数量,p_{ij}表示j部门消耗i外购产品的数量。

表6-4 循环经济企业实物型产品—部门投入表

产品		部门	1, 2, 3, …, m
自产产品		1 2 ⋮ n	u_{ij}
循环产品		1 2 ⋮ l	r_{ij}
外购产品		1 2 ⋮ h	p_{ij}

(二) 企业的产出表

企业的产出表表明各个部门生产的产品产出情况,实物型产出表如表6-5所示,表示m个生产单位生产n种产品的情况。价值型产出表如表 6-6 所示。

表 6-5 循环经济企业的实物型部门—产品产出表

部门 \ 产品	1, 2, ..., n	合计
1		
2		
⋮	q_{ij}	Q_i
m		
m+1	$w_{(m+1)j}$	W_{m+1}
⋮		
n		

表 6-5 中,q_{ij} 表示 j 部门生产 i 产品产量,Q_i 表示 i 种产品的产量;$w_{(m+1)j}$ 表示第 j 部门生产 m+1 废弃物产量,W_{m+1} 表示 m+1 种废弃物的产量。

表 6-6 循环经济企业的价值型部门—产品产出表

部门 \ 产品	1, 2, ..., n	合计
1		
2		
⋮	v_{ij}	V_j
m		
m+1	$n_{(m+1)j}$	$N_{(m+1)}$
⋮		
n		

表 6-6 中,v_{ij} 表示 j 部门生产 i 产品的产值,V_j 表示 j 部门的产值;$n_{(m+1)j}$ 表示 j 部门生产 m+1 废弃物产量的产值,$N_{(m+1)}$ 表示 m+1 废弃物的产值。

表 6-5 和表 6-6 必须满足以下关系:

$$\sum_{j=1}^{n} v_{ij} = V_j \quad (i = 1, 2, \cdots, m) \tag{6-4}$$

$$\sum_{j=1}^{m} q_{ij} = Q_i \ (i = 1, 2, \cdots, n) \tag{6-5}$$

结合表 6-4 和表 6-5，可以得到资源利用效率和废弃物产生率的公式：

资源利用效率的计算公式如下：

$$e_{ij} = \frac{q_{ij}}{Q_i} \ (i = 1, 2, \cdots, n; j = 1, 2, \ldots, m) \tag{6-6}$$

式（6-6）表示生产第 i 种单位产品所消耗的第 j 种资源的数量。资源利用效率越高，说明资源利用越充分，对环境系统相对越有利。

资源循环利用效率的计算公式如下：

$$\beta = \frac{R}{P} \tag{6-7}$$

式（6-4）表示企业所有循环利用资源的效率。

废弃物产生率的计算公式如下：

$$\alpha_{ij} = \frac{w_{ij}}{Q_i} \ (i = 1, 2, \cdots, n; j = 1, 2, \cdots, m) \tag{6-8}$$

式（6-8）表示生产第 i 种单位产品所排放的第 j 种废弃物的数量。废弃物产生率越低，说明循环经济实施的越有力，与环境越协调。

关于物资循环利用率的计算目前国内学者是用实物量来计算的，即循环利用的资源与实际消耗资源的比值，当涉及多种资源且计量单位不一致时，用价值量来计算更合理，且价值体现了资源的稀缺程度，因此用价值量计算更能体现企业循环利用资源的能力和市场对资源的配置能力。

第七章　循环经济协同效应的实证分析
——以钢铁企业为例

钢铁行业是消耗大量自然资源和能源获得产品的行业，在消耗原材料和能源的过程中排放大量的废弃物，因此是高耗能高排放行业。循环经济的实施为降低污染物的排放和提高资源利用效率提供了途径。

本章在介绍日照钢铁集团实施循环经济的基础上，运用物质流分析提供的数据，应用投入产出原理，建立了2010年日照钢铁企业集团（以下简称"日钢"）的投入表和产出表，借此分析日钢的投入和产出情况，在此基础上计算资源效率和废物排放效率指标，估算日钢物质流协同效应和价值流协同效应。

第一节　钢铁行业的生产特点

钢铁产业是我国国民经济的支柱产业，也是我国工业体系中的重要组成部分。钢铁是使用最广泛的基本材料之一，是国民经济发展与国防建设的物质基础。钢铁产业不仅是一个国家最重要的基础工业部门之一，也是衡量一个国家或地区工业化程度的重要标志之一。

一、钢铁行业的生产特点

钢铁产业作为高耗能、高排放产业，在迅速发展的同时，严重污染了生态环境。钢铁工业是典型的流程制造业，在生产过程中需要利用铁矿石、添加剂、合金、煤、电、水、空气等大量的自然资源和能源，通过功能不同的工序连续作业、协同（集成）运行，最后形成钢铁产品和相关副产品，用作生产资料或生活资料，在生产过程中同时会产生大量的废弃物和污染物[①]。钢铁企业的生产主要有以下几个特点：

（一）资源和能源消耗密集

在钢铁联合企业内，生产钢材不仅消耗大量的铁矿石，还有大量的能源。2009年钢铁行业能源消费量占工业消费总量的26.3%，占全国能源消费总量的18.8%。吨钢综合能耗在0.5~1吨标煤，耗新水在2~5吨。钢铁的生产过程是大量的物质、能量的输入与输出过程。

（二）资金密集、生产规模和物流吞吐量巨大

鉴于钢铁企业的生产流程，从经济学的角度看，产业越集

---

① 张若生等：《循环经济与钢铁工业可持续发展研究》，《冶金经济与管理》，2009年第2期，第16页。

中，规模越大，规模效应越显著，为此，钢铁企业的生产规模一般都很大。目前我国已经出现了两家年产量3000万吨以上的钢铁企业，4家年产量2000万吨以上的企业，这6家企业合计产量占全国产量的30.92%。巨大的生产规模必然伴随着巨大的资金流。同时，物资吞吐量也是巨大的。

(三) 生产工序多、工艺复杂

钢铁企业从采矿、选矿、烧结、炼铁、炼钢到轧钢，从原始材料到最终产品，经历一系列的物理变化和化学变化，制造流程工序多，工艺复杂。

(四) 生产过程中能量转换和污染物排放互相交叉且关系复杂，环境界面复杂

在钢铁产品的生产过程中，伴随着物理、化学变化的是各种物质和能量的流动。在物质和能量流动的过程中，是废弃物的排放。从钢铁生产所需的原材料、能源和产品以及排放物来看，钢铁生产过程中存在三种不同的流动：①物质流，即矿石、烧结矿、铁水、钢水、辅助原料等非能源物质流动；②能量流，即煤炭、蒸汽、油气、煤气、电、水等能源物质的流动；③污染物流，即二氧化硫、二氧化碳、氮氧化物、废水、尘泥、粉尘、残渣等污染物的流动。在企业的生产过程中这三种流动交织在一起，盘根错节，情况错综复杂（杜涛、蔡九菊，2006）。

从钢铁企业的生产特点可以看出，其非常适合实施循环经济，事实上，我国已有多家钢铁企业开展了循环经济工作，国家发改委等国家六部委局组织实施循环经济试点的钢铁企业已有10

多家。循环经济的实施效果如何，则需要从经济、环境和社会三个方面进行综合考虑。本书以日钢为案例，在介绍日钢实施循环经济的基础上，研究循环经济的效果，测算循环经济的协同效应。

二、钢铁行业必须大力发展循环经济

作为高耗能高污染的行业，钢铁行业在为经济发展提供材料的同时，也消耗了大量的能源和水，排放了大量二氧化碳。2012年，世界钢铁总产能约为18亿~19亿吨，年消耗能源总量超过13亿吨标准煤，排放28亿~30亿吨二氧化碳。而二氧化碳是温室气体的重要组成部分，温室气体排放对全球气候变化的影响已不容忽视，近年来全球都正尝试用多种办法实现节能减排，但效果似乎并不理想。2012年，全球温室气体排放量持续增加。大力发展循环经济，实施节能减排任重道远，其中钢铁行业首当其冲。

按照2011年的参数估计，2012年全国钢铁行业能源消耗总量将达到4.4亿吨标准煤，约占全国能源消费总量的12%，产生固体废弃物约2.88亿吨，耗水40多亿吨。这样巨大的资源消耗和废弃物产生量是在钢铁行业已经大力发展循环经济，总体上实现了能源和资源节约循环利用、余热余能梯级回收利用、水资源分级循环利用的基础上所达到的水平。如果没有大力发展循环经济的新生产模式，靠20世纪80年代的生产方式进行钢铁生产，我国的资源与环境根本无法承受这样大规模的钢铁生产。

"十一五"期间，通过大力发展循环经济，我国钢铁工业主要节能减排指标已达到或高于《钢铁产业发展政策》的目标要求，与世界先进水平的差距大幅缩小，其中部分指标已达到世界先进水平。

通过节能技术的推广应用和管理创新，能源实现余热余能余压梯级回收利用以后，综合能耗明显降低。与2005年相比，重点统计钢铁企业2010年平均吨钢综合能耗由694千克标准煤降至605千克标准煤，实现节能总量约4800万吨标准煤，万元增加值能耗由6.78吨降至5.21吨，下降23.2%，有力保证了国家"十一五"提出的GDP能耗下降20%目标的实现。

通过水资源回收分级循环利用，吨钢耗新水明显降低。与2005年相比，2010年重点统计钢铁企业吨钢耗新水由8.6吨下降到4.1吨，下降52.3%；水重复利用率由94.3%提高到97.2%；吨钢外排废水量由4.89吨下降到1.65吨。

通过烟尘粉尘回收利用和脱硫废弃物回收利用，重点企业吨钢烟粉尘排放量由2.18千克下降到1.21千克，下降38.1%；吨钢二氧化硫排放量由2.83千克下降到1.73千克，下降38.9%。

通过对固体废弃物深度回收循环利用，冶金渣等固废资源综合利用率大幅提高。"十一五"末和"十五"末相比，由于粗钢、生铁产量大幅增加，造成钢渣产生量和高炉渣产生量大幅增加，钢渣增加了48.5%，高炉渣增加了56.3%；但由于原料条件的改善，吨铁高炉渣产生量减少了8.8%，吨钢钢渣产生量减少了15.3%；冶金渣利用率大幅提高，钢渣利用率提高了5.6个百分点，达到96.0%，高炉渣利用率提高了5.1个百分点，达到97.7%。

上述直观数据表明，在钢铁产业发展循环经济，对资源节约和环境保护产生了极为明显的协同效应。

但我国的能源供给条件和环境容量要求钢铁工业应该在稳定矿产资源消费量和水资源消费量、不增加能源消费量、减少污染排放量的情况下，实现钢铁产能增加 10%~20%。这就需要进一步在钢铁行业深化发展循环经济，加大循环经济发展力度势在必行。

三、钢铁行业发展循环经济必须发挥三方面协同作用

实现资源消费少增加、污染排放负增长是我国钢铁行业必须承担起来的社会责任。必须通过进一步深化发展循环经济，充分发挥其对资源节约和能源节约、提高经济效益、改善环境质量的协同效应，为实现中共"十八大"报告提出的"绿色、循环、低碳发展"，建设生态文明和"美丽中国"做出更大贡献。深化发展循环经济，就是要紧密促进经济、社会和环境三个目标协同发展，充分发挥循环经济综合协同效应。

（1）经济协同效应。即通过采取循环经济措施，开展环境友好的清洁生产，在与环境的良性互动中取得经济收益，这种效应直接体现为企业生产成本的降低，保证企业的经济效益不减少。

（2）社会协同效应。即通过废弃物资源循环利用，在现有生产流程中增加新的节点项目，延伸和拓展产业链，通过"城市矿产"的开发利用，减少对矿产资源的需求量，增加社会就业人员，减少破坏自然生态，为国家资源和能源安全做贡献。

（3）环境协同效应。即通过实施循环经济生产模式，把废弃物作为资源循环利用，实现清洁生产，减少污染物向环境的排放，降低经济活动的环境负荷，把钢铁产业变为绿色环保产业。

通过含能废弃物的循环利用,可以实现间接节能,减少温室气体排放。

第二节 循环经济发展模式下的钢铁企业

一、日钢的基本情况[①]

日钢坐落于日照市岚山区,西临204国道、同三高速公路,南距岚山港5公里、北距日照港35公里,铁路专用线与京沪线、京九线、陇海线等铁路干线接轨,陆路、海路交通便利、淡水资源丰富,地理位置得天独厚,是一家集产品优势、规模优势、地域优势、资源优势于一体的沿海钢铁企业。集团于2003年3月31日开工建设,2003年9月28日竣工投产,目前已发展成为一家集烧结、球团、炼铁、炼钢、轧材、制氧、发电于一体配套齐全的千万吨级钢铁联合企业,并形成了板、棒、线、型并举的产品格局。2010年,集团完成铁产量1003万吨,钢产量980万吨,材产量976万吨,完成销售收入456亿元,实现利润39亿元。截至2010年底,集团已累计产钢5000余万吨,实现销售收入近

---

① 日钢的所有资料和数据均由日钢提供。

2000亿元，实现利税400多亿元，上缴税金200多亿元。2012年，钢铁行业全行业亏损，但日钢不亏损，靠的就是循环经济的大力发展和对经济效益的协同作用。

日钢在短短的8年时间里获得了多项荣誉，其中包括"中国质量500强"、中国企业联合会和中国企业家协会联合颁发"中国企业500强"、"中国制造业500强"、"中国企业纳税200佳"、"中国企业效益200佳"、"山东省科学技术厅日照型钢有限公司高新技术企业"、节能中国、循环经济示范基地等，成为我国钢铁行业依靠发展循环经济实现快速增长的重要典范之一。在这些荣誉的背后是日钢积极采取循环经济措施，走清洁生产之路，并在经济、环境和社会方面取得了优异成绩。

二、日钢循环经济发展背景和工作实施现状

（一）日钢实施循环经济的宏观背景

日钢之所以实施循环经济，既是从适应钢铁企业生产特点的需求出发，也是企业履行社会责任的主动选择，同时还是出于环境压力、规制压力和国家与省市相关政策推动的结果。

为了缓解能源和环境双重压力，国家颁布了多项法律法规来促进清洁生产和循环经济的实施，例如《中华人民共和国环境保护法》（1989年12月）、《中华人民共和国环境噪声污染防治法》（1996年10月）、《中华人民共和国大气污染防治法》（2000年4月）、《中华人民共和国清洁生产促进法》（2002年6月）、《中华人民共和国固体废物污染环境防治法》（2004年12月修订）、《中华

人民共和国节约能源法》（2007年10月修订）、《中华人民共和国水污染防治法》（2008年2月修订）、《中华人民共和国循环经济促进法》（2008年8月）等。

2000年2月，国家经贸委公布了第一批《国家清洁生产技术导向目录（冶金行业）》，2003年2月第二批《国家清洁生产技术导向目录（冶金行业）》公布，2006年底国家发改委公布了第三批《国家清洁生产技术导向目录（冶金行业）》。在全国6个行业重点推广的三批清洁生产技术中钢铁行业占了32项，在国家发改委等国家六部委局组织实施的国家循环经济试点中，钢铁企业已有10多家，占据的比例最大。这使日钢意识到钢铁生产在产业节能、降耗、减轻环境污染方面处于重要地位，环境责任重大。钢铁企业迟早要走循环经济道路，未来钢铁行业将全面推行清洁生产技术，由高能耗、高排放、不计环境成本、难以可持续发展的夕阳行业，向担负节能减排责任、承担环境成本、建设社会生态园的可持续发展行业转变。

日钢由此开始积极走循环经济发展之路。

（二）循环经济工作现状

为有效推进循环经济工作，日钢建立了完善的循环经济管理长效机制——公司领导每年召开一次循环经济专题会议，循环经济办公室每月召开一次循环经济项目协调会议，不定期召开循环经济项目专题会，各主要循环经济项目工作组按项目进度组织相关会议；明确目标、指标、管理方案，将循环经济项目纳入经济责任制，奖励额度占职工收入的5%，同时将环保能源工作纳入厂（部）长工作的业绩考评。

日钢主要从产品绿色化、工艺设备绿色化、生产制造绿色化、和谐生态化几个方面着手发展循环经济，成效显著。主要包括以下几个方面：

（1）全工序推进节能技术应用和加强管理水平，降低工序能耗和污染物排放。

日钢在全工序采用先进生产装备、生产工艺和污染控制技术，积极推进节能减排工作的实施。各工序采用的主要先进技术和生产工艺如图7-1所示。

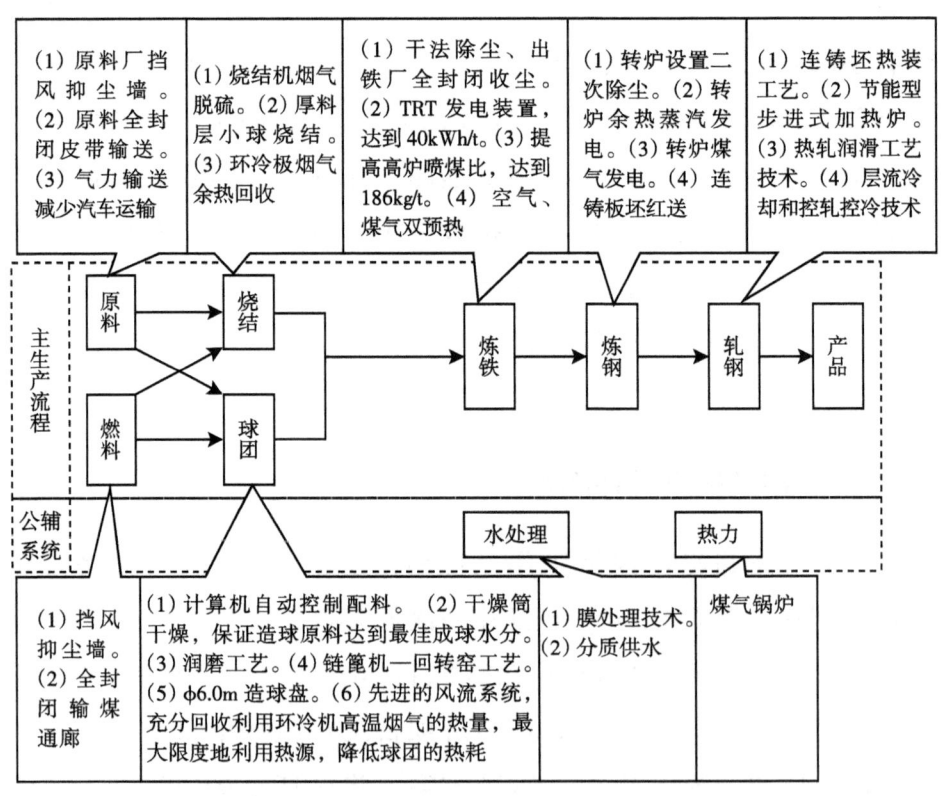

图 7-1 日钢全工序节能减排技术路线图

资料来源：日照钢铁控股集团有限公司《清洁生产审核报告》，2011年11月，第86页。

（2）积极推行循环经济，高效利用副产煤气和余能余热。

（3）采用国内最先进的工艺装备技术，将生产过程对大气的污染控制在最低水平，对二氧化硫排放量较大的烧结烟气进行高效脱硫处理。

（4）固体废物资源化利用，遵循循环经济原则，通过精料及工艺控制，减少固体废物生成量；尽可能使固体废物在生产过程中得到循环利用；对不能在企业内部循环的固体废物经深加工后在其他行业利用。

（5）实施废水分级利用和中水回用，降低新水取用量，减少污水排放。

三、日钢发展循环经济实现经济社会环境协同的主要措施

企业循环经济实施的成效如何，经济社会环境协同的程度如何，采取的措施至关重要。日钢在推行循环经济的过程中，主要采取以下几项措施。

（一）提高含铁资源循环率，充分利用自然资源

1. 提高资源的利用率

（1）提高高炉入矿的品位，降低烧结熔剂（石灰、白云石、石灰石等）用量，减少高炉渣产生量。

（2）优化炉料结构，提高精料水平，炼钢的钢铁料在保证钢水质量的前提下尽可能采用废钢，少用生铁，以减少铁前工序的物料消耗和污染物排放。

2. 优化原料结构

（1）建设机械化原料场，保证含铁原料充分混匀，使铁矿品位波动控制在±0.3%以内，为高炉节能，提高产量创造了必要的条件。

（2）通过配矿使入炉组分合理，辅料矿石使用量少。由于品位高、渣量低，可以实现高产和节约能源的效果，同时铁元素损失量低。高炉入炉品位达到含铁55%以上。减少渣比，降低焦比。

3. 各生产工序产生的含铁废料得到充分回收与利用

（1）充分回收和利用炼钢和连铸生产过程中产生的各种铁金属资源，烧结除尘灰、高炉瓦斯灰和除尘灰、转炉煤气洗涤水处理污泥和除尘灰、炼钢除尘灰、连铸水处理污泥、炼钢OG红泥[①]、轧钢水处理污泥全部返回烧结配料使用；连铸氧化铁皮全部用做炼钢冷却剂使用。

（2）钢渣全部送钢渣处理生产线处理，其中回收废钢用于炼钢生产；回收渣钢热压成块状用于炼钢；剩余尾渣送钢渣超细粉生产线，生产钢渣超细粉。钢渣采用余热自解闷处理工艺，经三级破碎、磁选后，钢豆送到炼钢厂回收利用，尾渣送入法国进口的磨机制粉，是国家鼓励的资源再生高科技环保项目。

（3）轧钢生产过程中产生的全部废钢（废轧辊、碳钢切头尾及废品废件等）用于炼钢生产。

（4）建设连铸连轧生产线，引进大量自动控制技术和先进装备，产品合格率提高，减少切头、切尾和切边量，提高综合成材率。

---

① OG是"双文程式"的工艺流程的简称，是一种湿法除尘工艺，目前世界上大部分转炉都采用这种方法，除去转炉煤气的粉尘。

（5）采用节能型加热炉和连铸坯热送热装技术，减少铁金属烧损量。

通过以上回收利用措施，企业生产过程中的铁素资源得到了最大限度的有效利用。日钢含铁资源循环见如图7-2所示。

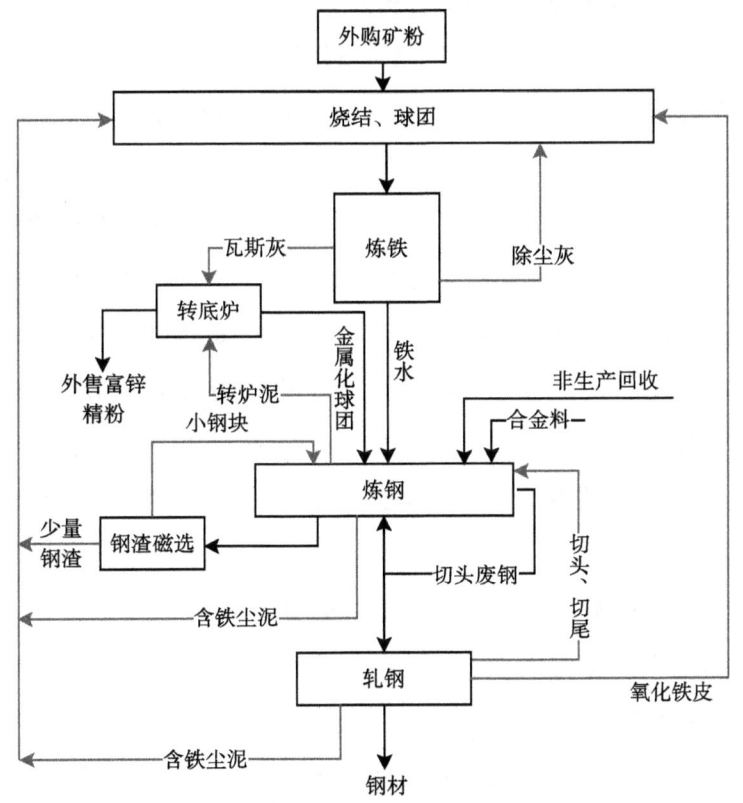

图7-2 日钢铁素回收示意图

资料来源：日照钢铁控股集团有限公司《清洁生产审核报告》，2011年11月，第90页。

（二）提高能源循环利用率，降低能源的溢出，充分利用二次能源

钢铁工业是高能耗行业。这是因为钢铁工业本质是一个连续

和离散相混合的冶金化学反应过程，冶炼需要在高温环境、多装置、多工序环境下进行，同时需要使用焦炭作为化学反应的主要还原剂，在流程传递和工艺转化过程中需要消耗大量热能、化学能和冷却水，因而能源对钢铁工业发展至关重要。从生产成本构成来看，能源消耗成本约占钢铁企业总成本的24%。另外，从钢铁工业的排放特性来看，正因为钢铁工业发展有赖于高能源消耗，导致钢铁工业成为我国污染排放的重点行业。

因此，钢铁工业节能不仅直接关系到降低钢铁生产成本，提升钢铁企业竞争力，更直接关系到我国节能减排降耗政策成败，对我国经济增长缓解资源和能源约束，转变经济发展方式也具有举足轻重的作用。在实践中，日钢始终把提高能源循环利用率作为发展循环经济的重中之重对待，通过努力回收二次能源，利用外部能源输入，与一次能源结合起来统筹考虑，在钢铁生产流程中形成统一的"能量流"，形成了独特的能源循环利用模式，如图7-3所示。

在具体实践中，日钢采取的主要措施包括：

（1）采用先进技术节能降耗、减污增效，实现了转炉煤气回收用于轧钢生产。

（2）将各个生产工序中产生的各种余热充分回收合理利用，包括高炉煤气余压发电（即高炉煤气余压透平发电，Blast Furnace Top Gas Recovery Turbine Unit，TRT）、转炉烟气汽化冷却余热锅炉发电、烧结机余热锅炉发电，高炉、转炉煤气回收发电，从源头削减一次能源的消耗，减少向大气排放各种污染物，实现了转炉煤气全回收，高炉煤气无排放。

（3）用热风炉燃烧后废气的显热预热，热风炉用煤气和助燃

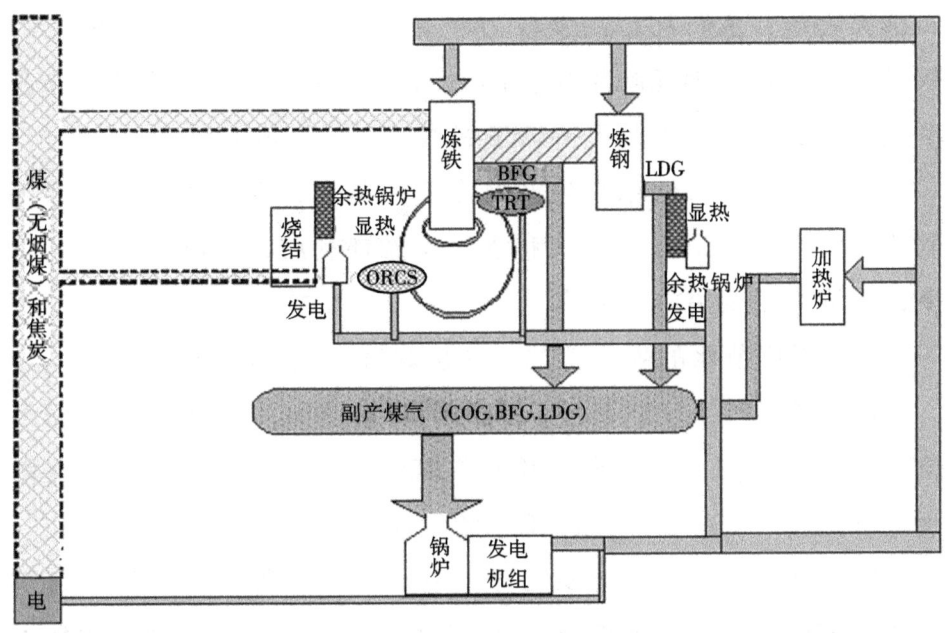

图 7-3 日钢能源循环利用示意图

资料来源：日照钢铁控股集团有限公司《清洁生产审核报告》，2011年11月，第92页。

空气，提高热风温度，使入炉焦比下降。

（4）轧钢采用蓄热加热炉，全部使用低热值的高炉和转炉煤气，同时实现高温空气燃烧提高热效率。

（5）轧钢实现热装热送，减少加热耗用能源。

（三）加强水资源的再生利用，提高水循环利用率

钢铁工业是高耗水产业。如果不采取任何措施，毫无节制地使用水资源，长流程钢铁生产吨钢消耗水资源可高达200吨。按废水排放规模统计，1999~2008年中国钢铁工业累计排放废水占工业总排放的比重高达8.8%，2010年，情况有所好转，但也高达7%；另外，钢铁工业生产废水中悬浮物、化学需氧量、氨氮、

石油类物质含量较高，污染较为严重。因此，发展循环经济促进钢铁工业水资源消耗减量化，同时结合水污染治理促进废水综合利用，对实现钢铁工业可持续发展具有举足轻重的意义。

在实践中，日钢结合生产特点采用节水、水分质利用、循环利用等多种方式，促进节水和水资源循环利用，提高水循环利用率，采取的主要措施主要有：

（1）采用节水的生产工艺，高炉煤气实现干法净化。

（2）各生产工序内部、厂内、厂际、多级用水循环，根据水质要求串级使用，提高水循环的浓缩倍数，从源头上实现水资源消耗减量化，减少各个生产工序的工业废水排放量。

（3）分质供排水、分质处理的管网改造：整个供水管网将实现水源管网、工业新水管网、浊环水管网、除盐水管网、浓盐水管网分别设置，独立运行。排水管网分为生活排水管网、生产排水管网、雨退水管网。

（4）采用水质稳定处理技术，对循环水进行水质稳定处理和过滤处理，减少系统排污的水量和新水补充量。

（5）实现废水处理回用的多级保障体系：第一级，各主要生产工序均建有废水初级处理系统，最大限度实现工序废水处理复用；第二级，工序废水需要进一步处理的集中到日钢污水处理厂进行深度处理，达到回用要求后返回生产流程再利用，使工业废水资源化。

通过这些措施，提高了水的循环利用率，降低了吨钢耗新水量。

(四）综合利用固体废弃物，加强固体废弃物管理

日钢固体废物综合利用的基本思路是：遵循循环经济原则，根据固废特性，在固废减量化的基础上，加强含铁尘泥资源的循环利用及其他废弃物的再资源化，细化对固体废弃物的分类、堆放、处理、利用和处置各个环节的管理，加强对固体废弃物处理设备的管理，重点解决固体废弃物综合利用和升值的途径，通过横向拓展发展跨产业循环经济。

日钢固体废弃物循环利用如图 7-4 所示。

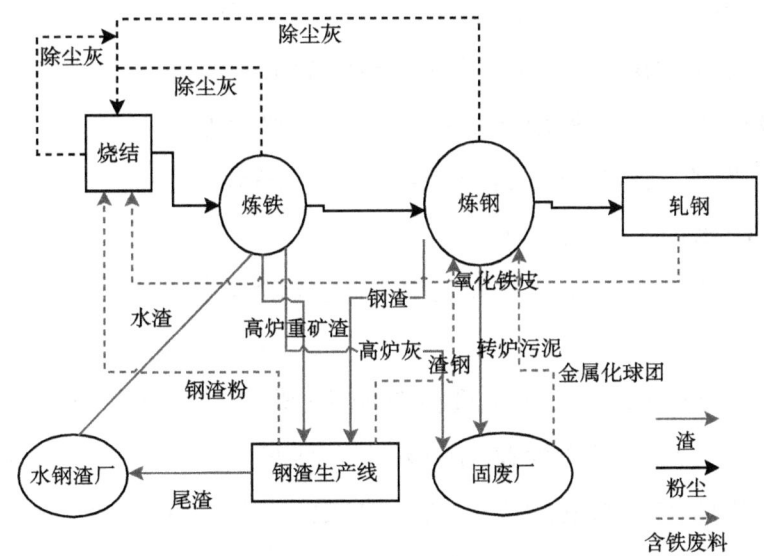

图 7-4　日钢固体废弃物循环利用示意图
资料来源：日照钢铁控股集团有限公司《清洁生产审核报告》，2011 年 11 月，第 94 页。

日钢对各个生产流程固体废弃物的循环利用采取的措施如下：

（1）在烧结工序，烧结厂除尘灰全部自循环，返回烧结配料系统。

（2）在炼铁工序，采取的措施包括：

①高炉采用环保型炉渣处理工艺，炼铁渣全部为优质水渣，采用国际先进、成熟的集烘干、粉磨、选粉于一体的立磨工艺，将炼铁过程中产生的水渣处理成细度为 $450m^2/kg$ 矿渣微粉，成为水泥原料，用于生产水泥。高炉重矿渣运至钢渣生产线进行粉墨磁选。

②矿槽及出铁场收集的粉尘全部送烧结厂配料使用，高炉灰进入固废综合利用厂生产金属化球团，返回炼钢使用。

（3）在炼钢工序，采取的措施主要有以下几点：

①采用少渣炼钢工艺，减少钢渣产生量和钢渣再利用，吨钢渣量平均降低到 150kg 以下。

②建设钢渣生产线，采用余热自解闷处理工艺，经三级破碎、磁选后，回收利用废渣中的废钢，处理后含铁品位高的渣钢送转炉炼钢，钢渣微粉返回烧结利用，部分尾渣输送至水钢渣厂用来生产水泥，其余外售。

③转炉二次除尘、精炼除尘、脱硫除尘灰全部运输至烧结做配料。

（4）建成拥有世界先进的转底炉脱锌工艺的固废综合利用厂，处理日钢的部分含锌高炉粉尘和转炉污泥，产生的金属化球团进入转炉作为炼钢的冷却剂，锌灰经富集后可作为提炼锌金属的原料，销售给锌厂作为原料。

四、日钢实施循环经济的主要成绩

在采取了以上的措施后，在能源循环利用、水循环利用和固体废弃物利用方面，日钢取得了优异成绩。

(一) 发电

日照钢铁在生产过程中充分回收利用废气、余热、余能，形成了包括高炉煤气综合利用发电、TRT 发电、转炉余热发电、烧结余热发电等系统的煤气综合利用及余热余能自发电体系，基本实现了"高炉煤气零排放、余热余压回收利用、蒸汽闭路利用"的目标，取得了环境效益和经济效益的"双赢"。

2010 年，日照钢铁节能减排循环经济体系共完成自发电 19.17 亿千瓦时，自供率达到 52%，处于国内领先水平，年可节约标准煤 77.46 万吨，间接减少了 203 万吨二氧化碳的排放，取得了巨大的经济效益和社会效益。

(二) 综合污水处理厂

烧结、炼铁、炼钢及各轧材工序均有独立的水处理系统，生产废水经处理后循环使用，循环利用率达到 98.3%。综合污水处理厂对各工序外排的废水及生活污水处理后回用，排放的废水 COD 小于 30mg/L。2010 年全年回用中水 474.79 万吨，废水排放 3.92 万吨，节约了新水用量，实现吨钢耗新水 2.78 吨，不仅节约了成本，还保护了环境。

(三) 固体废弃物的处理和利用

日钢利用引进的国际领先水平的设备，建设了水渣超细粉、钢渣超细粉、固体废弃物综合利用项目，实现了钢铁行业生产过程中冶金渣及含铁尘泥全部综合利用，不仅可消除日钢固体废弃物大量占地和污染环境的问题，而且实现了锌、铁、碳等资源的综合回收利用。

2010年，日钢全年产生固体废弃物6789367吨，全部回收利用和处置。其中，回收利用6778580吨，利用率是99.64%，送到有资质单位处置6287吨，实现了固体废弃物的零排放。固体废弃物的产生及处置利用情况如表7-1所示。

表7-1 2010年日钢固体废弃物产生及处置利用情况

序号	固体废弃物	产生量（吨/年）	利用量（吨/年）	用途
一	冶金渣	5526800	5526800	
1	水渣	3795600	3795600	送水渣超细粉生产线处
2	钢渣	2724200	2724200	送钢渣处理及钢渣超细粉生产线处理
二	除尘灰	536450	536450	
1	烧结除尘灰	130000	130000	返回烧结配料，自循环
2	球团除尘灰	23800	23800	返回球团配料，自循环
3	高炉瓦斯灰	231500	231500	供转底炉，提锌、做炼钢冷却剂
4	高炉除尘灰	137000	137000	供烧结配料
5	炼钢除尘灰	14150	14150	送烧结配料
三	氧化铁皮	162550	162550	
1	炼钢氧化铁皮	17350	17350	供烧结配料
2	轧钢热轧氧化铁皮	145200	145200	供烧结配料
四	尘泥	406500	402000	
1	炼钢水处理污泥	355000	355000	供转底炉，提锌、做炼钢冷却剂
2	轧钢水处理污泥及尘泥	47000	47000	供烧结配料
3	综合污水处理厂污泥	4500	0	岚山环卫处理
五	废金属料	93943	93943	
1	废切头尾及废品废件	93943	93943	作为废钢返回炼钢
六	其他废物	61337	61337	
1	废耐火料	19067	19067	由耐材承包公司回收利用
2	硫铵	2270	2270	外售化肥厂利用
3	脱硫渣（石膏）	40000	40000	送矿渣水泥粉磨站做水泥原料
七	危险废物	1787	1787	
1	废油	987	987	送往有资质单位处置
2	煤焦油	800	800	送往有资质单位处置
八	合计	6789367	6784867	

资料来源：日照钢铁控股集团有限公司《清洁生产审核报告》,2011年11月，第121页。

第三节 日钢的投入表和产出表

为了从数量上测度日钢循环经济发展产生的协同效应，首先需要根据前述理论构造基于循环经济的日钢投入表和产出表，以反映企业生产投入，尤其是废弃物的产出和循环利用情况，在此基础上计算日钢循环经济发展的物质流指标，并进而分别计算日钢发展循环经济在物质循环利用和经济效益上取得的协同效应，即物质流协同效应和价值流协同效应。本节主要在日钢清洁生产报告和日常企业生产统计数据基础上，建立日钢的投入表和产出表，计算日钢相应的各项投入产出指标。

一、数据来源和处理

根据日钢提供的生产流程图、物质流图、日钢铁素回收示意图、日钢能源循环利用示意图、日钢固体废弃物循环利用示意图、2010年日钢固体废弃物产生及处置利用情况和其他原始数据，分析各个生产部门的投入产出数据，以及循环利用的物质和排放的废弃物，根据企业生产的特点，利用投入产出原理，得到日钢的投入表和产出表。投入表揭示各个部门所消耗的材料和能源的种类、数量，是外购成品还是自产产品或回收利用物品；产出表表明了企业的所有产出，包括合意的成品（Desirable Products）——主产品和不合意的成品（Undesirable Products）——污染物。将投入表和产出表结合分析，各种产品、资源的来源和去向一目了然，利于分析循环物资的利用情况和废弃物的产生情况，资源利用率和废弃物排放率，经济效益、环境效益和社会效益。

（一）数据来源

本书所用的所有生产直接消耗实物量数据均来自日钢的《清洁生产报告》，其他消耗数据（非生产消耗的物资，例如办公用品、低值易耗品等）、成本和价格由日钢财务部门提供。

（二）数据处理

由于本书研究的投入产出数据分别列于投入表和产出表，循环经济企业的投入表是按照生产部门的实际投入数据按照自产产品、回收利用产品和外购物品分别列示，竖列是各个生产部门，横行是按照自产产品、回收利用产品和外购物品的不同种类分别列示。

（1）外购物品包括原材料、辅助材料、燃料和动力等。按照当期消耗的实际数据分门别类地填入表格。各个部门消耗的外购物品的成本按照实际成本计算。

（2）回收利用物资，即循环利用的物品，是在生产产品的过程中产生的可以回收利用的物资和能源，按照各个部门实际消耗的数据列示。各个部门消耗的回收利用的物品按照企业的内部成本计算。

（3）自产产品是利用外购物资和回收利用物资生产的自用和销售的产品。按照各个部门生产的实际数据填入表格。自产产品的产值按照内部成本计算。

（4）增加值数据来自财务部门。各个部门的固定资产折旧数据直接来自财务部门；劳动者报酬包括工资和福利费用，由财务部门提供；对于不能区分的产品的税金，按照这些产品部门的固定资产折旧和劳动者报酬占总数的比例进行分摊；不能明确区分的不同产品部门的利润，将总利润按照这些产品部门的固定资产折旧和劳动者报酬占总数的比例进行分配。

企业的产出表是企业生产的各种产品按照部门列示于棋盘表中。循环经济企业的产出包括所有的产出，既包括正常的用于生产和销售的产品，也包括回收利用的废物，比如炼铁产生的除尘灰、高炉煤气等，还有生产过程排放的污染物，例如二氧化硫、氮氧化物等。

（1）根据日钢《清洁生产报告》提供的数据，各种产品按照生产的部门分别填入实物量表中相应的表格。

（2）由于不同产品采取的计价方法不同，中间消耗和回收利用的产品采取内部成本价，用于销售的产品采取市场价（不含税），因此价值表中的数据用实物量表中的数据乘以相应的价格数据即可。对于同一个部门生产的不同产品，消耗相同的物资，其成本不能明确划分的按照产品的产量来分配。

二、日钢的投入表

投入表是成品×部门的棋盘式表格。表7-2（实物型投入表）和表7-3（价值型投入表）是日钢2010年各个生产部门利用各种原材料和能源生产产品的情况。实物型表分为三部分，第一部分是企业的自产产品，第二部分是回收利用产品，第三部分是外购物品，这三部分合计为中间投入。与传统的投入表相比较，循环经济下的投入表多了回收利用产品部分。价值型表比实物型表多了第四部分——最初投入，也就是新创造的价值——增加值。

根据表7-2和表7-3，日钢主要原辅材料有铁矿石、熔剂、铁精粉、膨润土、萤石、白云石块、活性石灰等，能源主要包括煤、焦炭、新水、电、霞普气和柴油。

根据表7-2和表7-3，2010年，日钢消耗铁矿石等外购原材料合计为2208.28万吨，合计1448789万元，消耗外购能源合计619.12万吨标煤，[①] 价值合计965985万元，消耗新水2562.3万立方米，价值3379.42万元。各个部门消耗的办公用品（比如工作服、纸张、低值易耗品）等合计是714万元。

其中，日钢的烧结厂、炼铁厂、炼钢厂、型钢厂、棒材厂、高速线材厂和带钢厂等利用铁矿石等原材料生产各种钢材，原材料合计为2157.74万吨，总计是1435424万元；消耗的能源为612.24万吨标准煤（不包括利用余热煤气发电171942万千瓦时），合计是953759.8万元，新水为1995.18万立方米，价值是2631.44万元，消耗氮气、氩气、氧气和压缩空气共221044万立方米，合计59921.55万元；在生产的过程中利用氧化铁皮、尘泥等各种回收物资224.64万吨，价值合计是15108万元，回收高炉煤气和转炉煤气合计636957.5万立方米作为原材料，价值合计是31847.88万元，利用中水474.79万立方米，价值是826.52万元。钢材生产过程中回收利用资源合计47782.4万元。

---

① 电的终端折标煤系数是0.404千克标准煤/千瓦小时。

钢渣厂利用炼钢的钢渣（272.42万吨）和高炉重矿渣（8万吨）分离出钢珠等返回炼钢厂做原料，尾渣作为水泥原料，钢渣和高炉重矿渣材料合计是1481万元，消耗电力136.22万千瓦时（不包括利用余热煤气发电132.65万千瓦时），电力成本合计是82.15万元。能源管控中心利用余热和煤气发电，煤气收集和输送等成本合计21195.73万元，消耗自发电力9587.1万千瓦时，电力成本是5430万元，使用新水531.21万立方米，价值701万元。固废综合利用厂利用炼钢和炼铁的废弃物（合计2.498万吨）以及外购黏合剂（1029.64吨）生产金属化球团和锌灰，原料合计256.41万元，消耗能源1.41万吨标煤（不包括利用余热煤气发电639.7万千瓦时），合计1957.49万元，消耗新水18.4万吨，合计24.26万元。

水钢渣厂利用炼铁的废弃物、脱硫渣和外购熟料、石膏生产水泥，原料合计434万吨，价值合计19067.6万元，消耗能源6.88万吨标准煤（不包括利用余热煤气发电9486.11万千瓦时），合计是9900万元，消耗新水3.39万立方米，价值是4.47万元。

2010年，日钢新创造的价值（增加值）是662708万元，包括固定资产折旧、劳动者报酬、税金和营业盈余。

各个部门的消耗实物详细数据如表7-2所示，与实物消耗所对应的价值详细数据如表7-3所示。

表7-2 日钢2010年实物型投入表（消耗表）（A）

产品	部门	单位	烧结厂	炼铁厂	炼钢厂	型钢厂	棒材厂	高速线材厂	带钢厂
自产产品	烧结矿	万吨	0.00	1801.00	1.52	0.00	0.00	0.00	0.00
	球团矿	万吨	0.00	99.18	0.57	0.00	0.00	0.00	0.00
	铁水	万吨	0.00	0.00	769.13	0.00	0.00	0.00	0.00
	生铁	万吨	0.00	0.00	233.87	0.00	0.00	0.00	0.00

续表

产品	部门	单位	烧结厂	炼铁厂	炼钢厂	型钢厂	棒材厂	高速线材厂	带钢厂
自产产品	连铸钢坯	万吨	0.00	0.00	0.00	93.24	132.40	180.81	574.07
	活性石灰	万吨	0.00	0.00	3.47	0.00	0.00	0.00	0.00
	氮气	万立方米	0.00	35834.00	24500.00	0.00	0.00	0.00	0.00
	氧气	万立方米	0.00	49471.00	56866.00	0.00	0.00	0.00	0.00
	氩气	万立方米	0.00	0.00	157.90	0.00	0.00	0.00	0.00
	压缩空气	万立方米	0.00	48680.00	1885.30	0.00	0.00	3650.00	0.00
回收利用产品	氧化铁皮	万吨	14.78	0.00	0.00	0.00	0.00	0.00	0.00
	废金属料	万吨	0.00	0.00	9.39	0.00	0.00	0.00	0.00
	水渣	万吨	0.00	0.00	0.00	0.00	0.00	0.00	0.00
	钢渣	万吨	0.00	0.00	0.00	0.00	0.00	0.00	0.00
	除尘灰	万吨	52.64	0.00	0.00	0.00	0.00	0.00	0.00
	尘泥	吨	47000.00	0.00	354920.00	0.00	0.00	0.00	0.00
	脱硫渣	万吨							
	高炉重矿渣	万吨	0.00	0.00	0.00	0.00	0.00	0.00	0.00
	金属化球团	万吨	0.00	0.00	2.57	0.00	0.00	0.00	0.00
	磁选钢渣	万吨	0.00	0.00	12.55	0.00	0.00	0.00	0.00
	落锥块	万吨	0.00	0.00	18.01	0.00	0.00	0.00	0.00
	粒子钢	万吨	0.00	0.00	4.25	0.00	0.00	0.00	0.00
	钢渣粉	万吨	63.68	0.00	0.00	0.00	0.00	0.00	0.00
	磁选铁粉	万吨	0.00	0.00	4.09	0.00	0.00	0.00	0.00
	电	万千瓦时	34127.60	62662.53	24851.21	2194.54	7253.53	10261.87	30076.18
	高炉煤气	万立方米	26017.00	405579.00	0.00	6502.33	12835.99	10822.67	60779.70
	转炉煤气	万立方米	6750.00	0.00	14229.00	6681.17	13189.01	11120.33	62451.30
	中水	万立方米	75.34	399.46	0.00	0.00	0.00	0.00	0.00
外购物品	铁矿石	万吨	1664.00	0.00	0.00	0.00	0.00	0.00	0.00
	熔剂	万吨	216.18	0.00	0.00	0.00	0.00	0.00	0.00
	铁精粉	万吨	99.63	0.00	0.00	0.00	0.00	0.00	0.00
	膨润土	万吨	2.34	0.00	0.00	0.00	0.00	0.00	0.00
	块矿	万吨	0.00	166.66	0.00	0.00	0.00	0.00	0.00
	蛇纹石	吨	0.00	2284.09	0.00	0.00	0.00	0.00	0.00
	萤石	万吨	0.00	0.93	0.18	0.00	0.00	0.00	0.00
	白云石块	万吨	0.00	0.00	2.45	0.00	0.00	0.00	0.00

续表

产品	部门	单位	烧结厂	炼铁厂	炼钢厂	型钢厂	棒材厂	高速线材厂	带钢厂
外购物品	镁球	吨	0.00	0.00	642.16	0.00	0.00	0.00	0.00
	硅锰合金	吨	0.00	0.00	5384.43	0.00	0.00	0.00	0.00
	硅铁	吨	0.00	0.00	1977.06	0.00	0.00	0.00	0.00
	颗粒增碳剂	吨	0.00	0.00	539.68	0.00	0.00	0.00	0.00
	石灰石	吨	0.00	0.00	42829.00	0.00	0.00	0.00	0.00
	熟料	万吨	0.00	0.00	0.00	0.00	0.00	0.00	0.00
	石膏	吨	0.00	0.00	0.00	0.00	0.00	0.00	0.00
	黏合剂	吨	0.00	0.00	0.00	0.00	0.00	0.00	0.00
	煤	万吨	21.01	154.58	0.00	0.00	0.00	0.00	0.00
	焦炭	万吨	88.57	332.48	0.00	0.00	0.00	0.00	0.00
	水	万立方米	240.90	746.18	556.08	50.81	69.20	68.33	263.68
	电	万千瓦时	35044.03	69267.46	30440.80	2253.46	7448.31	10537.43	30883.82
	霞普气	万吨	0.00	0.00	0.28	0.00	0.00	0.00	0.00
	柴油	万吨	0.00	0.00	0.00	0.00	0.00	0.00	0.00

注：料场合并到烧结厂，白灰车间、石灰窑合并到炼钢厂，其他部门包括管理部门、运输、污水处理厂。
资料来源：根据日照钢铁控股集团有限公司《清洁生产审核报告》，笔者计算和整理得到。

表7-2 日钢2010年实物型投入表（消耗表）（B）

产品	部门	单位	固废综合利用厂	钢渣生产线	水钢渣分厂	能源管控中心	其他部门	小计
回收利用产品	高炉煤气	万立方米	0.00	0.00	0.00	420673.30	0.00	943210.00
	转炉煤气	万立方米	0.00	0.00	0.00	3241.20	0.00	117662.00
	中水	万立方米	0.00	0.00	0.00	0.00	0.00	474.79
外购物品	铁矿石	万吨	0.00	0.00	0.00	0.00	0.00	1664.00
	熔剂	万吨	0.00	0.00	0.00	0.00	0.00	216.18
	铁精粉	万吨	0.00	0.00	0.00	0.00	0.00	99.63
	膨润土	万吨	0.00	0.00	0.00	0.00	0.00	2.34
	块矿	万吨	0.00	0.00	0.00	0.00	0.00	166.66
	蛇纹石	吨	0.00	0.00	0.00	0.00	0.00	2284.09
	萤石	万吨	0.00	0.00	0.00	0.00	0.00	1.11
	白云石块	万吨	0.00	0.00	0.00	0.00	0.00	2.45

续表

产品	部门	单位	固废综合利用厂	钢渣生产线	水钢渣分厂	能源管控中心	其他部门	小计
外购物品	镁球	吨	0.00	0.00	0.00	0.00	0.00	642.16
	硅锰合金	吨	0.00	0.00	0.00	0.00	0.00	5384.43
	硅铁	吨	0.00	0.00	0.00	0.00	0.00	1977.06
	颗粒增碳剂	吨	0.00	0.00	0.00	0.00	0.00	539.68
	石灰石	吨	0.00	0.00	0.00	0.00	0.00	42829.00
	熟料	万吨	0.00	0.00	50.44	0.00	0.00	50.44
	石膏	吨	0.00	0.00	5.44	0.00	0.00	5.44
	黏合剂	吨	1029.64	0.00	0.00	0.00	0.00	1029.64
	煤	万吨	1.60	0.00	4.12	0.00	0.00	181.31
	焦炭	万吨	0.00	0.00	0.00	0.00	0.00	421.05
	水	万立方米	18.40	0.00	3.39	531.21	14.13	2562.30
	电	万千瓦时	656.87	136.22	9740.84	0.00	481.58	196890.82
	霞普气	万吨	0.00	0.00	0.00	0.00	0.00	2.34
	柴油	万吨	0.00	0.00	0.00	0.00	0.40	0.40

三、日钢的产出表

产出表一般格式是部门×产品，本书为了查看方便，把表旋转90度，得到产品×部门的产出表。与传统的产出表相比较，循环经济下的产出表多了循环利用物资（从氧化铁皮到中水）和排放的污染物（从二氧化硫到废耐火材料）部分。

根据表7-4，日钢主要产品为H型钢、螺纹钢、盘螺、盘条、中厚宽钢带、水泥，以及销售部分水渣、矿渣粉。

在消耗了大量的原材料和能源后，日钢的产出列于表7-4和表7-5中。2010年，日钢作为中间消耗的产品有烧结矿、球团矿、铁水、生铁和连铸钢坯，分别是1802.55万吨、99.65万吨、769.13万吨、234.12万吨和980.52万吨，产值分别是1520072万元、103112万元、2000169万元、623293万元和3093521万元；可供

表 7-3 日钢 2010 年价值型投入表（消耗表）

单位：万元

产品		部门	烧结厂	炼铁厂	炼钢厂	型钢厂	棒材厂	高速线材厂	带钢厂	固废综合利用厂	钢渣生产线	水钢渣分厂	能源管控中心	其他部门	小计
自产产品		烧结矿	0	1518765	1278	0	0	0	0	0	0	0	0	0	1520043
		球团矿	0	102626	587	0	0	0	0	0	0	0	0	0	103212
		铁水	0	0	2000169	0	0	0	0	0	0	0	0	0	2000169
		生铁	0	0	622627	0	0	0	0	0	0	0	0	0	622627
		连铸钢坯	0	0	0	294170	417719	570452	1811179	0	0	0	0	0	3093521
		活性石灰	0	0	896	0	0	0	0	0	0	0	0	0	896
		氮气	0	3226	2205	0	0	0	0	0	0	0	0	0	5431
		氧气	0	23000	26438	0	0	312	0	0	0	0	0	0	49437
		氩气	0	0	412	0	0	0	0	0	0	0	0	0	412
		压缩空气	0	0	0	0	0	0	0	0	0	0	0	0	4641
回收利用产品		氧化铁皮	0	4167	161	0	0	0	0	44	0	0	0	0	488
		废金属料	0	0	296	0	0	0	0	0	0	0	0	0	296
		水渣	0	0	0	0	0	0	0	0	0	998	0	0	998
		钢渣	0	0	0	0	0	0	0	0	1201	0	0	0	1201
		除尘灰	1053	0	0	0	0	0	0	20	0	0	0	0	1073
		生泥	94	0	710	0	0	0	0	0	0	0	0	0	804
		脱硫渣	0	0	0	0	0	0	0	0	0	328	0	0	328
		高炉重矿渣	0	0	0	0	0	0	0	0	280	0	0	0	280
		金属化球团	0	0	5397	0	0	0	0	0	0	0	0	0	5397
		磁选钢渣	0	0	863	0	0	0	0	0	0	0	0	0	863
		落锤块	0	0	1238	0	0	0	0	0	0	0	0	0	1238

续表

产品	部门	烧结厂	炼铁厂	炼钢厂	型钢厂	棒材厂	高速线材厂	带钢厂	固废综合利用厂	钢渣生产线	水钢渣分厂	能源管控中心	其他部门	小计
回收利用产品	粒子钢	0	0	292	0	0	0	0	0	0	0	0	0	292
	钢渣粉	4377	0	0	0	0	0	0	0	0	0	0	0	4377
	磁选铁粉	0	0	281	0	0	0	0	0	0	0	0	0	281
	电力	18572	35492	14076	1243	4108	5812	17035	362	75	5373	5136	1023	108603
	高炉煤气	1301	20279	0	325	642	541	3039	0	0	0	21034	0	47161
	转炉煤气	338	0	711	334	659	556	3123	0	0	162	0	0	5883
	中水	107	695	0	0	0	0	0	0	0	0	0	24	827
外购物品	铁矿石	1134199	0	0	0	0	0	0	0	0	0	0	0	1134199
	熔剂	65206	0	0	0	0	0	0	0	0	0	0	0	65206
	铁精粉	89586	0	0	0	0	0	0	0	0	0	0	0	89586
	膨润土	936	0	0	0	0	0	0	0	0	0	0	0	936
	块矿	0	137426	0	0	0	0	0	0	0	0	0	0	137426
	蛇纹石	0	12	0	0	0	0	0	0	0	0	0	0	12
	萤石	0	834	157	0	0	0	0	0	0	0	0	0	991
	白云石块	0	0	645	0	0	0	0	0	0	0	0	0	645
	镁球	0	0	24	0	0	0	0	0	0	0	0	0	24
	硅锰合金	0	0	3844	0	0	0	0	0	0	0	0	0	3844
	硅铁	0	0	1175	0	0	0	0	0	0	0	0	0	1175
	颗粒增碳剂	0	0	84	0	0	0	0	0	0	0	0	0	84
	石灰石	0	0	1105	0	0	0	0	0	0	0	0	0	1105
	熟料	0	0	0	0	0	0	0	0	0	13365	0	0	13365
	石膏	0	0	0	0	0	0	0	0	0	0.045	0	0	0.045

第七章 循环经济协同效应的实证分析

续表

产品	部门	烧结厂	炼铁厂	炼钢厂	型钢厂	棒材厂	高速线材厂	带钢厂	固废综合利用厂	钢渣生产线	水钢渣分厂	能源管控中心	其他部门	小计
外购物品	黏合剂	0	0	0	0	0	0	0	192	0	0	0	0	192
	煤	20511	150935	0	0	0	0	0	1561	0	4021	0	0	177027
	焦炭	140069	525829	0	0	0	0	0	0	0	0	0	0	665898
	水	299	984	733	67	91	90	348	24	0	4.47	876	37	3379
	电	20307	41775	18359	1359	4492	6355	18626	396	82	5875	5616	1119	118745
	霞普气	0	0	1649	0	0	0	0	0	0	0	0	0	1649
	柴油	0	0	0	0	0	0	0	0	0	0	0	2666	2666
	其他物资消耗	30.62	85.30	53.10	31.15	13.84	15.69	7.58	0.63	0.00	4.57	22.45	448.69	714
	小计	1499056	2566130	2706465	297530	427726	584135	1853357	2601.11	1638	29968	27349	3690	9999645
最初投入	固定资产折旧	28527	41183	31838	6841	2726	6461	39269	667	1256	8214	19391	2940	189313
	劳动报酬	8526	11859	13414	1914	2060	2453	4170	418	2278	853	1172	15471	64588
	税金	42995	61547	52508	10159	5553	10343	50403	1260	4100	10520	23859	21363	294611
	企业盈余	16666	23857	20353	3938	2153	4009	19537	488	1589	4078	9248	8281	114196
	总投入	1595770	2704576	2824577	320381	440218	607401	1966737	5434	10861	53633	81019	51745	10662354

注：其他物资消耗是指各个部门消耗的办公用品（比如工作服、纸张、低值易耗品）等，因实物量数值较小且种类繁多，价值也低，以此合计数在价值表中体现。其中污水处理厂的固定资产折旧是448万元，劳动者报酬是125万元。由于压缩空气和制造的氧气、氩气、氮气是由炼铁厂和炼钢厂使用，为了便于计算循环经济效应，把这些部门的固定资产折旧和人员工资按照比例计入炼铁厂和炼钢厂。

资料来源：同表7-2（A）。

销售的钢材 970.52 万吨，产值是 3601340 万元。得到的副产品有水泥、矿渣微粉、硫氨、锌灰，分别有 103.30 万吨、347.19 万吨、0.23 万吨和 38 吨，产值是 20307 万元、25008 万元、165.60 万元和 5.85 万元。炼铁、炼钢和轧钢需要消耗氧气、氩气、氮气和压缩空气，日钢自产自销氮气、氧气、氩气和压缩空气分别是 60334 万立方米、106337 万立方米、157.90 万立方米和 54215.30 万立方米，价值分别是 5431 万元、49437 万元、412 万元和 4641 万元。

在生产这些产品的同时，得到大量可以再次利用的氧化铁皮等，共计 16.26 万吨，按照内部成本价计算的价值是 487.65 万元；利用余热和煤气发电 191742 万千瓦时，按照内部成本价计算的价值是 108603 万元；生产高炉煤气和转炉煤气分别是 943210 万立方米和 117662 万立方米，按内部成本价计价是 47161 万元和 5883 万元。

作为高排放高污染的行业，虽然采取了一些防治措施，但目前的技术条件无法避免污染物的排放，比如烟粉尘、二氧化硫和氮氧化物等。2010 年，日钢排放二氧化硫 15919 万吨，氮氧化物 13937 万吨，烟粉尘 6774 万吨，这三种污染物排污费合计 2072 万元。固体废弃物废耐火材料 1.91 万吨，废油 987 吨，煤焦油 800 吨，分别送到有资质单位处理，处理费用合计 226.37 万元。排放污水 3.92 万吨，排污费 3.16 万元。[①] 因为排放的污染物是对环境的危害，是企业"不合意"的产品，也是企业要付出的代价，因此用负数表示。

各个部门的详细产出数据如表 7-4 和表 7-5 所示。

---

① 排污费的计算按照国家公布的《排污费征收标准及计算方法》计算。

表7-4 日钢2010年实物型产出表（生产表）

产品 \ 部门	单位	烧结厂	炼铁厂	炼钢厂	型钢厂	棒材厂	高速线材厂	带钢厂	固废综合利用厂	钢渣生产线	水钢渣分厂	能源管控中心	其他部门	小 计
烧结矿	万吨	1802.55	0.00	0.00	0.00	0.00	0.00	0.00	0.00	0.00	0.00	0.00	0.00	1802.55
球团矿	万吨	99.65	0.00	0.00	0.00	0.00	0.00	0.00	0.00	0.00	0.00	0.00	0.00	99.65
铁水	万吨	0.00	769.13	0.00	0.00	0.00	0.00	0.00	0.00	0.00	0.00	0.00	0.00	769.13
生铁	万吨	0.00	234.12	0.00	0.00	0.00	0.00	0.00	0.00	0.00	0.00	0.00	0.00	234.12
连铸钢坯	万吨	0.00	0.00	980.52	0.00	0.00	0.00	0.00	0.00	0.00	0.00	0.00	0.00	980.52
H型钢	万吨	0.00	0.00	0.00	92.68	0.00	0.00	0.00	0.00	0.00	0.00	0.00	0.00	92.68
螺纹钢	万吨	0.00	0.00	0.00	0.00	135.32	0.00	0.00	0.00	0.00	0.00	0.00	0.00	135.32
盘条	万吨	0.00	0.00	0.00	0.00	0.00	180.43	0.00	0.00	0.00	0.00	0.00	0.00	180.43
中厚宽钢带	万吨	0.00	0.00	0.00	0.00	0.00	0.00	567.51	0.00	0.00	0.00	0.00	0.00	567.51
氮气	万立方米	0.00	35834	24500	0.00	0.00	0.00	0.00	0.00	0.00	0.00	0.00	0.00	60334
氧气	万立方米	0.00	49471	56866	0.00	0.00	0.00	0.00	0.00	0.00	0.00	0.00	0.00	106337
氩气	万立方米	0.00	0.00	157.90	0.00	0.00	0.00	0.00	0.00	0.00	0.00	0.00	0.00	157.90
压缩空气	万立方米	0.00	48680	5535.30	0.00	0.00	0.00	0.00	0.00	0.00	0.00	0.00	0.00	54215.30
水泥	万吨	0.00	0.00	0.00	0.00	0.00	0.00	0.00	0.00	0.00	103.30	0.00	0.00	103.30
矿渣微粉	万吨	0.00	0.00	0.00	0.00	0.00	0.00	0.00	0.00	0.00	347.19	0.00	0.00	347.19
硫氨	万吨	0.23	0.00	0.00	0.00	0.00	0.00	0.00	0.00	0.00	0.00	0.00	0.00	0.23

续表

产品	单位	烧结厂	炼铁厂	炼钢厂	型钢厂	棒材厂	高速线材厂	带钢厂	固废综合利用厂	钢渣生产线	水钢渣分厂	能源管控中心	其他部门	小计
锌灰	吨	0.00	0.00	0.00	0.00	0.00	0.00	0.00	38.00	0.00	0.00	0.00	0.00	38.00
活性石灰	万吨	0.00	0.00	3.47	0.00	0.00	0.00	0.00	0.00	0.00	0.00	0.00	0.00	3.47
氧化铁皮	万吨	0.00	0.00	1.74	1.38	2.01	2.68	8.44	0.00	0.00	0.00	0.00	0.00	16.26
废金属料	万吨	0.00	0.00	0.00	0.89	1.30	1.74	5.46	0.00	0.00	0.00	0.00	0.00	9.39
水渣	万吨	0.00	379.56	0.00	0.00	0.00	0.00	0.00	0.00	0.00	0.00	0.00	0.00	379.56
钢渣	万吨	0.00	0.00	272.42	0.00	0.00	0.00	0.00	0.00	0.00	0.00	0.00	0.00	272.42
除尘灰	万吨	15.38	36.85	1.42	0.00	0.00	0.00	0.00	0.00	0.00	0.00	0.00	0.00	53.65
尘泥	万吨	0.00	0.00	35.50	0.66	0.00	0.00	4.04	0.00	0.00	0.00	0.00	0.45	40.65
脱硫渣	万吨	4.00	0.00	0.00	0.00	0.00	0.00	0.00	0.00	0.00	0.00	0.00	0.00	4.00
高炉重矿渣	万吨	0.00	8.00	0.00	0.00	0.00	0.00	0.00	0.00	0.00	0.00	0.00	0.00	8.00
金属化球团	万吨	0.00	0.00	0.00	0.00	0.00	0.00	0.00	2.57	0.00	0.00	0.00	0.00	2.57
磁选钢渣	万吨	0.00	0.00	0.00	0.00	0.00	0.00	0.00	0.00	12.55	0.00	0.00	0.00	12.55
落维块	万吨	0.00	0.00	0.00	0.00	0.00	0.00	0.00	0.00	18.01	0.00	0.00	0.00	18.01
粒子钢	万吨	0.00	0.00	0.00	0.00	0.00	0.00	0.00	0.00	4.25	0.00	0.00	0.00	4.25
钢渣粉	万吨	0.00	0.00	0.00	0.00	0.00	0.00	0.00	0.00	63.68	0.00	0.00	0.00	63.68
磁选铁粉	万吨	0.00	0.00	0.00	0.00	0.00	0.00	0.00	0.00	4.09	0.00	0.00	0.00	4.09

续表

部门 产品	单位	烧结厂	炼铁厂	炼钢厂	型钢厂	棒材厂	高速线材厂	带钢厂	固废综合利用厂	钢渣生产线	水钢渣分厂	能源管控中心	其他部门	小计
尾渣	万吨	0.00	0.00	0.00	0.00	0.00	0.00	0.00	0.00	175.57	0.00	0.00	0.00	175.57
电	万千瓦时	0.00	0.00	0.00	0.00	0.00	0.00	0.00	0.00	0.00	0.00	191742	0.00	191742.00
高炉煤气	万立方米	0.00	943210	0.00	0.00	0.00	0.00	0.00	0.00	0.00	0.00	0.00	0.00	943210.00
转炉煤气	万立方米	0.00	0.00	117662.00	0.00	0.00	0.00	0.00	0.00	0.00	0.00	0.00	0.00	117662.00
中水	万吨	0.00	0.00	0.00	0.00	0.00	0.00	0.00	0.00	0.00	0.00	0.00	474.79	474.79
烟粉尘	吨	4290.50	1351.67	425.3	1.30	0.70	0.70	11.90	74.60	70.03	50.27	32.60	464.20	6773.77
SO_2	吨	14037.00	802.70	0.00	26.80	19.30	25.60	64.50	437.30	39.18	28.12	438.20	0.00	15918.70
NO_x	吨	10229.10	2396.00	0.00	66.00	52.60	56.00	110.30	239.50	258.31	185.39	343.30	0.00	13936.50
废油	吨	0.00	0.00	987.00	0.00	0.00	0.00	0.00	0.00	0.00	0.00	0.00	0.00	987.00
煤焦油	吨	0.00	0.00	0.00	0.00	0.00	0.00	0.00	800	0.00	0.00	0.00	0.00	800.00
废水	万吨	0.00	0.00	0.00	0.00	0.00	0.00	0.00	0.00	0.00	0.00	0.00	3.92	3.92
废耐火料	万吨	0.00	0.00	1.91	0.00	0.00	0.00	0.00	0.00	0.00	0.00	0.00	0.00	1.91

注：同表7-2（A）。

表 7-5 日钢 2010 年价值型产出表（生产表）

单位：万元

部门 产品	烧结厂	炼铁厂	炼钢厂	型钢厂	棒材厂	高速线材厂	带钢厂	固废综合利用厂	钢渣生产线	水钢渣分厂	能源管控中心	其他部门	小计
烧结矿	1520072	0	0	0	0	0	0	0	0	0	0	0	1520072
球团矿	103112	0	0	0	0	0	0	0	0	0	0	0	103112
铁水	0	2000169	0	0	0	0	0	0	0	0	0	0	2000169
生铁	0	623293	0	0	0	0	0	0	0	0	0	0	623293
连铸钢坯	0	0	3093521	0	0	0	0	0	0	0	0	0	3093521
H 型钢	0	0	0	344579	0	0	0	0	0	0	0	0	344579
螺纹钢	0	0	0	0	503113	0	0	0	0	0	0	0	503113
盘条	0	0	0	0	0	678540	0	0	0	0	0	0	678540
中厚宽钢带	0	0	0	0	0	0	2075107	0	0	0	0	0	2075107
氮气	0	3226	2205	0	0	0	0	0	0	0	0	0	5431
氧气	0	23000	26438	0	0	0	0	0	0	0	0	0	49437
氩气	0	0	412	0	0	0	0	0	0	0	0	0	412
压缩空气	0	4167	473	0	0	0	0	0	0	0	0	0	4641
水泥	0	0	0	0	0	0	0	0	0	20307	0	0	20307
矿渣微粉	0	0	0	0	0	0	0	0	0	25008	0	0	25008
硫氨	165.60	0	0	0	0	0	0	0	0	0	0	0	165.60
锌灰	0	0	0	0	0	0	0	5.85	0	0	0	0	5.85
活性石灰	0	0	896	0	0	0	0	0	0	0	0	0	896.06

第七章 循环经济协同效应的实证分析

续表

部门 产品	烧结厂	炼铁厂	炼钢厂	型钢厂	棒材厂	高速线材厂	带钢厂	固废综合利用厂	钢材生产线	水钢渣分厂	能源管控中心	其他部门	小计
氧化铁皮	0	0	52.05	41.37	60.40	80.53	253.30	0	0	0	0	0	487.65
废金属料	0	0	0	28.15	41.10	54.80	172.35	0	0	0	0	0	296.39
水渣	0	998.24	0	0	0	0	0	0	0	0	0	0	998.24
钢渣	0	0	9893	0	0	0	0	0	0	0	0	0	9893
除尘灰	307.60	737	28.30	0	0	0	0	0	0	0	0	0	1073
尘泥	0	0	710	13.20	0	0	80.80	0	0	0	0	9	813
脱硫渣	328	0	0	0	0	0	0	0	0	0	0	0	328
高炉重矿渣	0	280	0	0	0	0	0	0	0	0	0	0	280
金属化球团	0	0	0	0	0	0	0	5397	0	0	0	0	5397
磁选钢渣	0	0	0	0	0	0	0	0	862.56	0	0	0	862.56
渣锥块	0	0	0	0	0	0	0	0	1237.83	0	0	0	1237.83
粒子钢	0	0	0	0	0	0	0	0	292.10	0	0	0	292.10
钢渣粉	0	0	0	0	0	0	0	0	4376.73	0	0	0	4376.73
磁选铁粉	0	0	0	0	0	0	0	0	281.11	0	0	0	281.11
尾渣	0	0	0	0	0	0	0	0	461.75	0	0	0	461.75
电	0	0	0	0	0	0	0	0	0	0	108603	0	108603

181

续表

产品 \ 部门	烧结厂	炼铁厂	炼钢厂	型钢厂	棒材厂	高速线材厂	带钢厂	固废综合利用厂	钢渣生产线	水钢渣分厂	能源管控中心	其他部门	小计
高炉煤气	0	47161	0	0	0	0	0	0	0	0	0	0	47161
转炉煤气	0	0	5883	0	0	0	0	0	0	0	0	0	5883
中水	0	0	0	0	0	0	0	0	0	0	0	826.52	826.52
烟粉尘	-118.09	-37.20	-11.71	-0.04	-0.02	-0.02	-0.33	-2.05	-1.93	-1.38	-0.90	-12.78	-186.43
SO$_2$	-886.55	-50.70	0.00	-1.69	-1.22	-1.62	-4.07	-27.62	-2.47	-1.78	-27.68	0.00	-1005.39
NO$_x$	-646.05	-151.33	0.00	-4.17	-3.32	-3.54	-6.97	-15.13	-16.31	-11.71	-21.68	0.00	-880.20
废油	0.00	0.00	-98.70	0.00	0.00	0.00	0.00	0.00	0.00	0.00	0.00	0.00	-98.70
煤焦油	0.00	0.00	0.00	0.00	0.00	0.00	0.00	-80.00	0.00	0.00	0.00	0.00	-80
废水	0.00	0.00	0.00	0.00	0.00	0.00	0.00	0.00	0.00	0.00	0.00	-3.16	-3.16
废耐火料	0.00	0.00	-47.67	0.00	0.00	0.00	0.00	0.00	0.00	0.00	0.00	0.00	-47.67
总产出	1622335	2702791	3140043	344656	503210	678983	2075602	5279	7491	45300	108552	820	11235061

注：同表 7-2 (A)。

表 7-3 和表 7-5 说明，日钢 2010 年总投入和总产出并不相等，总产出大于总投入，相差 57 亿元，误差率为 5.1%。其原因是企业经济核算尚未按照循环经济要求进行核算管理，内部结算和外部结算之间存在差异。由于重新核算工作量太大，本报告只能容许此误差存在。出现差别的原因可能主要包括以下几个方面。

第一，财务投入和产出所用价格不一致，购买原材料按照市场价计价，内部产品按内部成本价计价，最终产品用于销售，其价格是按照市场价计算。

第二，因为投入产出表中有了环境污染的数据，统计误差和管理数据不严格，污染的产出量和消除量以及排放量未能实现平衡。

第三，环境成本的计算存在缺失。因为原始资料不完整以及有些环境损失无法估计，环境成本计算不完全，不能全部计量企业生产带来的环境损失，由此可能会导致产出大于投入。

对比表 7-3 和表 7-5，生产和废物利用生产部门的投入和产出结果看，炼铁厂、固废综合利用厂、钢渣生产线、水钢渣分厂的投入远远大于产出，除炼铁厂外，这些部门都是废物回收利用部门，在企业提供的原始数据中，企业大量综合性投入被划入了这些部门，而这些部门的产出在内部结算时将产出转移到了其他部门。

第四节 日钢的物质流指标

物质流分析的是某一个系统中物质的流入与流出，运用物质流分析法可以计算企业的投入、产出和效率指标。

根据投入表和产出表，可直接得到日钢的投入和产出指标。因为日钢的原材料是进口的，因此本书不计算隐性物质流，这里主要计算效率指标。

日钢的主产品是钢材，虽然有四种不同的产品名称，但都是同质的，因此可作为一种产品来计算。副产品水泥等与钢材相比，无论是产品产量还是价值量都相差巨大，所以，从烧结到炼钢过程中所排放的污染物均由钢材承担。

根据表 7-2（A）、表 7-2（B）、表 7-3、表 7-4 和表 7-5 的数据可以得到日钢的资源生产率、废物排放率以及钢产品的资源生产率、废物排放率，详细数据如表 7-6 所示。

表 7-6　日钢 2010 年的效率指标

指　标	计算公式	计算值
一、资源利用指标		
1. 资源产出率	增加值/自然资源量（元/吨）（不含水）	300.1
2. 能源产出率	增加值/能源（元/吨标煤）	1070.4
3. 水产出率	增加值/水（元/立方米）	258.64
4. 钢资源效率	资源消耗量/钢产量（吨/吨）	2.22
5. 钢能源效率	耗能量/钢产量（吨标煤/吨）	0.627
6. 钢水效率	耗新水量/钢产量（立方米/吨）	2.62

续表

指　标	计算公式	计算值
二、循环利用指标		
7. 废弃物循环利用率	循环利用物品/消耗物品（%）	7.26
三、环境效率		
8. 烟粉尘排放率	烟粉尘排放量/增加值（千克/元）	0.0010
9. SO_2 排放率	SO_2 排放量/增加值（千克/元）	0.0024
10. NO_x 排放率	NO_x 排放量/增加值（千克/元）	0.0021
11. 钢烟粉尘排放率	烟粉尘排放量/钢产量（千克/吨）	0.69
12. 钢 SO_2 排放率	SO_2 排放量/钢产量（千克/吨）	1.63
13. 钢 NO_x 排放率	NO_x 排放量/钢产量（千克/吨）	1.41
14. 废水排放率	废水排放/钢产量量（立方米/吨）	0.004

资料来源：根据表 7-2（A）、表 7-2（B）、表 7-3、表 7-4 和表 7-5，作者计算得到。

由于不同种类的废弃物对环境的影响和危害程度不同，而一个企业的生产经营活动会释放多种废弃物，因此，在这种情况下，一般会选择对环境危害大或排放量大的废弃物进行计算，表 7-6 的污染物排放率指标选择了二氧化硫、氮氧化物和烟粉尘污染物来计算日钢的排放指标。钢能源效率为 0.627 吨/吨标煤，意思是说生产 1 吨钢材综合消耗 0.627 吨标煤，其余的指标含义类同。

根据日钢的《清洁生产报告》，2010 年国内先进水平的钢能源效率是 0.543 吨标煤/吨钢材，平均水平是 0.741 吨标煤/吨钢材，日钢的钢能源效率比全国先进水平低 15.8%，比全国平均水平高 15.1%。处于中游水平。

根据《中国统计年鉴 2011》、《全国环境统计公报 2010》的数据估算，2010 年，中国钢铁行业的钢铁烟粉尘排放率为 0.846 千克/吨钢，废水排放率是 0.73 吨/吨。这些指标日钢的数值分别为 0.69 千克/吨钢和 0.004 吨/吨钢，大大高于全国平均水平。说明日钢循环经济的实施有效地促进了环境污染物排放的减少。

第五节　日钢循环经济的协同效应

协同效应是经济系统与资源环境系统协同作用的体现，企业通过采取循环经济的发展模式，与资源环境协调发展。本章运用第四章和第五章核算协同效应的方法计算日钢的物质流效应和价值流效应。

需要特别说明的是，日钢在2006年生产初步形成规模，2008年生产基本达到满负荷，钢渣生产线和水钢渣处理厂于2008年投产，固废综合利用厂于2010年5月建成投产。所以，日钢的循环经济在2010年固废综合利用厂投产后才算全部展开。基于日钢的循环经济实施情况和只有2010年的基础数据，根据第四章的核算方法，本书认为日钢应采取后一种方法，即采取循环经济措施和假设本年度没有采取循环经济生产模式的比较，计算物质流效应和价值流效应。

一、日钢循环经济的协同物质流效应

根据日钢具体情况，2010年的物质流效应包括两个方面，一是资源的循环利用，减少自然资源的投入，从而减少对自然资源的开采，减少对环境的破坏；二是废弃物的综合利用，减少向环境的排放污染物，保护环境，维持生态平衡。具体到日钢，可以

分为五部分：

第一，煤气的回收利用。回收的高炉煤气和转炉煤气一部分作为原料进入到生产工序，另一部分作为能源用来发电，不仅节约了原材料和能源，还保护了环境，是经济和环境的双赢。如果高空排放，会对大气环境造成污染。煤气的回收利用减少排放CO_2约318166万立方米。

第二，废弃物的回收利用，包括氧化铁皮、废金属料、除尘灰、尘泥和含铁钢渣120多万吨。氧化铁皮、废金属料的利用能提高钢的质量，减少能源消耗。尘灰和尘泥的回收利用，减少了向环境的排放和原材料的投入，降低成本，同时也降低了企业环境治理成本。废弃物的回收利用减少排放尘泥40.2万吨，除尘灰53.645万吨。

第三，中水的回收利用。废水经过污水处理厂的处理成为中水，再次为原料厂、烧结厂和炼铁厂所使用，不仅节约了新水，还减少了向环境排放废水，即节约了成本又保护了环境，还减少了水资源的使用。做到经济效应和资源环境效应的双赢。中水回收减少排放废水474.79万立方米。

第四，二氧化硫的减排。二氧化硫是钢铁行业排放的主要污染物，危害极大，飘浮在空中，伤害人的呼吸系统，对人体的健康有害，还容易形成酸雨，对植被和水生物的危害极大。二氧化硫回收形成了脱硫渣，是一种质量较好的化学石膏，可以替代天然石膏，能够有效地缓解石膏矿资源日益匮乏的境况。还有一部分是硫酸铵，是化肥厂的原料。因为原始数据的可得性，本报告根据《日照钢铁控股集团有限公司2×360平方米烧结机烟气脱硫项目可行性报告》，只估算12#和13#烧结机减排的二氧化硫。

日钢二氧化硫的减排,不但减少了二氧化硫对环境的影响,也为山东省污染物总量控制和不久将会实施地面浓度控制创造了条件。2010年日钢减排二氧化硫13510吨。

第五,冶金渣的综合利用,包括水渣和钢渣。2010年共利用水渣和钢渣近600万吨制微粉,节约了水泥的原材料石灰石,减少了对石灰石的开采,缓解了矿产资源日益减少的境况来保护环境。钢渣的处理利用可以节约原材料,减少对自然资源的开采。

根据表7-2和表7-3的数据,可以得到表7-7。

表7-7 2010年日钢的物质流效应

序号	项目	单位	数值
一	煤气回收		
1	发电	万立方米	423914.5
2	能源	万立方米	636957.5
二	固废回收利用		
1	氧化铁皮	万吨	16.26
2	废金属料	万吨	9.39
3	除尘灰	万吨	53.645
4	尘泥	万吨	40.2
5	钢渣	万吨	272.42
三	中水利用	万立方米	474.79
四	二氧化硫减排	吨	13509.76
五	水渣综合利用	万吨	379.56

资料来源:根据表7-2和表7-4以及日钢的《清洁生产报告》、《日照钢铁控股集团有限公司2×360平方米烧结机烟气脱硫项目可行性报告》,作者计算得到表中数据。

二、日钢循环经济的协同价值流效应

(一) 日钢的环境成本

核算效益必然涉及成本,成本的计算方法不同,属性不同,必然导致效益也有较大的差异,因为本书研究的是循环经济的效益,环境成本与一般成本的区分和计量成为必然。按照 ISAR 的《环境会计和报告的立场公告》精神,与环境有关的一切费用皆为环境成本,因此,从理论上讲,本书认为日钢的环境成本包括以下几项:

1. 与环境有关已资本化的投资

这部分投资包括:

(1)煤气回收的固定资产投资,具体包括炼铁厂、炼钢厂的相关设备、厂房等建安投资。

(2)与回收除尘灰和尘泥相关的固定资产投资,具体包括烧结厂、球团厂、炼铁厂、炼钢厂和轧钢厂关于回收除尘灰和尘泥的相关设备、厂房等建安投资。

(3)与脱硫有关的固定资产投资,包括烧结厂、炼钢厂与脱硫有关的固定资产投资。

(4)固废综合利用厂、能源管控中心和污水处理厂的固定资产投资。

(5)环保部以及各生产厂环保科的固定资产投资。

在这些投资数据的基础上计算环境折旧费用。

2. 经营成本费用

经营成本是企业日常生产活动所发生的费用,比如直接材料费、直接人工费、期间费用等。环境经营成本是指与环境有关的经营费用,包括:

(1)煤气回收所用材料的费用,相关人员的报酬以及其他相关费用。

(2)回收除尘灰和尘泥所用材料的费用,相关人员的报酬以及其他相关费用。

（3）烧结厂、炼钢厂脱硫的材料费用与人员的报酬，以及其他相关费用。

（4）固废综合利用厂、能源管控中心的TRT发电车间和污水处理厂的经营成本费用，例如材料费、工作人员的报酬、其他费用等。

（5）环保部以及各生产厂环保科的费用，包括人员报酬、其他费用等。

（6）按照国家相关政策，向政府主管部门缴纳的排污费等。

日钢的当期环境成本是环境固定资产折旧费用与环境经营成本费用之和。

（二）价值流效应的核算

根据物质流效应的数据计算价值流效应，因为有的项目涉及成本数据，而目前掌握的成本数据只有原材料成本、固定资产折旧（有的单位环境固定资产与其他固定资产折旧无法区分）和人工费用（部分人工费用缺失，会低估费用，高估收益），因此只能根据这些数据来估算。因此根据表7-2（A）、表7-2（B）、表7-4和表7-7的数据以及日钢财务部门提供的数据，计算价值流效应，根据效应属性，把价值流效应分解为经济效应、环境效应和社会效应。经济效应直接体现为企业成本的降低、排污费的减少和新产品的收益；环境效应是企业实施循环经济发展战略，减少的废弃物排放和循环利用资源减少开采自然资源而体现的对环境保护的结果，由于数据和条件所限，无法全面估计环境效应，只能用减少的排污费来代替环境效应；社会效应是企业的生产活动对社会的影响，鉴于数据获得的局限，难以估计企业因承担环境成本而提高企业形象带来的企业收益，本书用工作人员的报酬来表示社会效应。

在计算的过程中，涉及价格时，有些项目需要市场价格，有些需要内部成本价（也只有内部成本价），根据具体情况灵活选择。

1. 二次能源回收利用的效应

在钢铁企业中，二次能源回收最重要的是回收高炉和转炉煤气。煤气的回收需要固定资产投资、材料费和人工费用，由于没有具体数据，根据炼铁厂和炼钢厂的数据，本报告只估算了上述两厂的回收支出。

（1）煤气发电、TRT 发电、转炉余热发电和烧结余热发电共计 191742 万千瓦时，市场价是 0.6031 元/千瓦时，因此，节约外购能源成本 115640 万元。内部煤气回收、发电消耗新水、电力等物料成本和人工费、折旧费合计 47911 万元，废气发电净效益为 67728 万元。煤气回收和发电需要工作人员，解决了部分就业问题，提高了这部分雇员的生活水平，产生了社会效应，估计为这部分人员提供的报酬 1172 万元。

（2）煤气回收直接作为其他工序能源利用，节约成本 31848 万元，估算煤气回收的成本是 491 万元，因此，煤气回收作为原料的经济效益是 31356 万元。煤气回收利用需要的工作人员报酬估计是 126 万元，则社会效应是 126 万元。

以上两项煤气回收利用的总经济效益合计是 99085 万元。煤气的主要可用成分是一氧化碳，如果煤气高空排放则对环境造成污染，由于目前的条件限制、数据缺失，且煤气不是国家环保局要求公布的空气质量应包括的三种污染物之一，也不是可吸入污染物，无法估算此项的环境效应。

2. 固体废弃物回收利用的效应

（1）氧化铁皮回收节约成本16255万元，回收的费用估计是129万元，所以氧化铁皮的经济效益是16126万元。回收氧化铁皮的工作人员的报酬估计是120万元，此为社会效应。

（2）内部废金属料回收节约成本18789万元，回收的费用估计是113万元，废金属的经济效益是18676万元。回收废金属的工作人员的报酬估计是106万元，此为社会效应。

（3）除尘灰的回收利用节约材料成本1073万元，如果不回收利用，以粉尘的形式排放则需要承担排污费14486万元，除尘灰回收的费用估计是101万元，则除尘灰的经济效益是15404万元。环境效应估计采取排污费数据，是14486万元。除尘灰回收的工作人员报酬估计是34万元，此为社会效应。

（4）尘泥的回收利用节约材料成本804万元，如果不回收利用，以固体废弃物的形式排放则需要承担排污费1005万元，尘泥的回收费用估计是175万元，则尘泥的经济效益是1634万元。环境效应同样采取排污费的数据1005万元。尘泥回收的工作人员报酬估计是97万元，此为社会效应。

（5）固体废弃物综合利用厂利用除尘灰和尘泥生产金属化球团和锌灰，金属化球团作为炼钢冷却剂节约成本5397万元，锌灰销售获得收入5.85万元，固体废弃物综合利用厂的成本为3686.6万元，如果除尘灰和尘泥排放则需承担排污费278.2万元，则固体废弃物综合利用厂的经济效益为1995.05万元。固体废弃物综合处理厂的环境效应为278.2万元，因为固体废弃物综合处理厂需要雇用员工进行生产，则社会效应为这部分雇员的报酬是418万元。

（6）钢渣经过处理后成为磁选渣钢、落锤块、粒子钢、钢渣粉、磁选铁粉、尾渣等，前五项重新进入生产流程节约成本7050万元，尾渣销售获得23248万元，处理钢渣的成本为9957万元，如果钢渣直接销售则获得收益6908万元，正反合一，则钢渣的经济效应是13433万元。钢渣生产线雇用工作人员的报酬是2277.6万元，此为社会效应。

3. 中水利用的效应

中水的利用可以节约新水474.79万立方米，新水的市场价是1.32元/立方米，节约成本626万元，处理成本是573万元，如果中水处理之前直接排放则需缴纳排污费383万元，中水利用的经济效应是436万元。中水利用的环境效应估计为383万元，污水处理厂工作人员的报酬是125万元，则社会效应为125万元。

4. 二氧化硫减排的效应

在钢铁企业，二氧化硫的危害相对其他污染物来说最大，因此本书只计算二氧化硫的减排效应。由于只有烧结厂二氧化硫的减排数据，这里只计算这部分二氧化硫的效应。

根据《日照钢铁控股集团有限公司2×360平方米烧结机烟气脱硫项目可行性报告》估算，石膏销售收入271万元，二氧化硫减排的相关费用3038万元，排污费减少853万元，二氧化硫减排的经济效应是−1914万元，二氧化硫的环境效应估计为853万元。实际上，二氧化硫对环境的危害较大，但是日钢处于胶东半岛的日照市区，2010年空气质量优良天数占全年的比例是93.41%，日钢排放的二氧化硫的危害估计比其他重污染的工业地区小，因此本书直接取排污费数据。

因为没有二氧化硫的工作人员的报酬，不估计其社会效应。

5. 水渣综合利用的效应

水渣是生产水泥的原料，综合利用生产水泥和矿渣微粉，获得收入 67786 万元，生产水泥的成本是 39035 万元，如果水渣直接销售获得收益是 10356 万元，则水渣综合利用的收益是 18395 万元。水渣生产线工作人员的报酬为 853 万元，即社会效应是 853 万元。

根据以上的计算结果，2010 年，日钢的循环经济协同价值流效应列于表 7-8 中，经济效应总额估计是 153252 万元，减排的直接环境保护成本节约估计是 17006 万元，社会效应估计是 5329 万元。

表 7-8　日钢 2010 年的价值流效应

单位：万元

序号	项目	经济效应	环境效应	社会效应
一	煤气回收	99085		1298
1	发电	67728		1172
2	材料	31356		126
二	固体废弃物综合回收利用	37251	15769.7	3053
1	氧化铁皮	16126		120
2	废金属料	18676		106
3	除尘灰	15404	14486.7	34
4	尘泥	1633	1004.8	97
5	固体废弃物综合利用	1995	278.2	418
6	钢渣	18219		2278
三	中水利用	436	383	125
四	二氧化硫减排	-1914	853	
五	水渣综合利用	18395		853
六	合计	153252	17006	5329

资料来源：根据日钢的《清洁生产审核报告》、《日照钢铁控股集团有限公司 2×360 平方米烧结机烟气脱硫项目可行性报告》提供的数据、提供的财务数据和表 7-2（A）、表 7-2（B）、表 7-4，作者计算得到以上数据。

通过上述分析可以看出，循环经济的协同效应中，首先是经济效应。这部分效应是企业实施循环经济措施，采取环境友好的清洁生产方式，通过与环境的互动所取得的经济效益，直接体现为企业利润的增加。其次是环境效应，因为循环经济措施的实施，企业减少了资源的投入和对自然资源的开采，降低了对环境的破坏程度，减少了废弃物的排放，由此减少了对环境的危害。因为数据和条件所限，本书的环境效应仅仅是因为减少污染排放而节省的排放费用。最后是社会效应，企业在生产过程中对废弃物的处理，需要招收雇员，解决就业问题，提高就业人员的生活福祉，社会效应用工作人员的报酬代替。在环境问题日益严重的今天，企业承担环境责任，无疑提高了企业在公众心目中的形象，使消费者对企业有良好的印象，又间接促进了企业经济效益的提高。尽管环境效应和社会效应是难以全部用货币计量的，但仍然可以看出日钢通过发展循环经济，不仅取得了较好的经济效益，同时可以实现环境效应和社会效应的"三赢"。

（三）日钢经济社会环境协同效应的成果评估

基于协同理念，通过采取相关协同措施，日钢在能源循环利用、水循环利用和固体废弃物利用等领域，在经济、环境和社会发展方面均取得了优异成绩，体现出发展循环经济具有显著的协同效应，如下几个方面的表现尤其具有典型性。

1. 电力

日照钢铁在生产过程中充分回收利用废气、余热、余压和余能等二次能源，形成了包括高炉煤气和转炉煤气综合利用发电、TRT发电、转炉余热发电、烧结余热发电等自发电体系，基本实现了"高炉煤气和转炉煤气零排放、余热余压回收利用,蒸汽闭路利用"的目标。2010年,日照钢铁节能减排循环经济体系共完成自发电19.17亿千瓦时,自供率达到52%。考虑到日钢没有焦化环节,没有焦炉煤气可供回收用于发电,因此达到该自供率殊为不易,该自供率水平在国内也是处于领先水平的。通过回收二次能源发电,日钢2010年可节约标准煤77.46万吨,间接减少了203万吨二氧化碳的排放,取得了巨大的经济效益和社会效益。

2. 综合污水处理厂

日钢在烧结、炼铁、炼钢及各轧材工序均建设有独立的水处理系统,实行分质处理,生产废水经处理后循环使用,循环利用率达到98.3%。综合污水处理厂对各工序外排的废水及生活污水处理后回用,排放的废水COD小于30毫克/升。2010年全年回用中水474.79万吨,减少COD排放12万吨,废水仅排放3.92万吨,节约了新水用量,实现吨钢耗新水2.78吨,达到国内领先水平,不仅节约了成本,还保护了环境。

3. 固体废弃物的处理和利用

日钢利用引进的国际领先水平的设备,建设了水渣超细粉、钢渣超细粉、固体废弃物综合利用项目,实现了钢铁行业生产过程中冶金渣及含铁尘泥全部综合利用,不仅可消除日钢固体废弃物大量占地和污染环境的问题,而且实现了锌、铁、碳等资源的综合回收利用。

如表7-9所示,2010年,日钢全年产生固体废弃物6789367吨,全部回收利用和处置。其中,回收利用6778580吨,利用率是99.64%,送到有资质单位处置6287吨,实现了固体废弃物的零排放。

目前最先进的干法水泥生产线，生产1吨水泥电耗约90千瓦时，煤耗为100千克，热耗700大卡。日钢2010年利用水渣等自生产103.3万吨水泥。如果按照水泥厂的参数测算，需要消耗电9297万千瓦时，煤1.033万吨，热力72310万千卡，合计标准煤是24.42万吨，释放二氧化碳63.97万吨。而日钢2010年利用高炉水渣和钢渣生产103.3万吨水泥，仅消耗标准煤2.46万吨，释放二氧化碳6.43万吨，即间接节约能源21.96万吨标煤，少排放二氧化碳57.54万吨。石灰石烧成熟料的过程中会释放大量二氧化碳，目前100吨石灰石在生产过程中分解会产生约44吨二氧化碳，利用水渣和钢渣生产水泥减少了石灰石的利用，从而间接减排二氧化碳30.24万吨，合计间接减排二氧化碳87.78万吨。

水渣和钢渣的综合利用不仅有效地利用固体废弃物，生产新型建筑材料，延长了产业链，提高了水渣的附加价值，提高了企业的收益，还节约了能源，减排了温室气体，水泥厂的建立需要招收员工，由此带来了社会效益，因此做到了经济、社会和环境效应三者的有机结合。

表7-9 2010年日钢固体废弃物产生及处置利用情况

序号		固体废弃物	产生量（吨/年）	利用量（吨/年）	用途
一		冶金渣	5526800	5526800	
		1. 水渣	3795600	3795600	送水渣超细粉生产线处，制水泥和外售
		2. 钢渣	2724200	2724200	送钢渣处理及钢渣超细粉生产线处理，制水泥和外售
二		除尘灰	536450	536450	
		1. 烧结除尘灰	130000	130000	返回烧结配料，自循环
		2. 球团除尘灰	23800	23800	返回球团配料，自循环

续表

序号	固体废弃物	产生量（吨/年）	利用量（吨/年）	用途
二	3. 高炉瓦斯灰	231500	231500	供转底炉，提锌、做炼钢冷却剂自循环
	4. 高炉除尘灰	137000	137000	供烧结配料自循环
	5. 炼钢除尘灰	14150	14150	供烧结配料自循环
三	氧化铁皮	162550	162550	
	1. 炼钢氧化铁皮	17350	17350	供烧结配料自循环
	2. 轧钢热轧氧化铁皮	145200	145200	供烧结配料自循环
四	尘泥	406500	402000	
	1. 炼钢水处理污泥	355000	355000	供转底炉，提锌、做炼钢冷却剂自循环
	2. 轧钢水处理污泥及尘泥	47000	47000	供烧结配料自循环
	3. 综合污水处理厂污泥	4500	0	岚山环卫处理
五	废金属料	93943	93943	
	废切头尾及废品废件	93943	93943	作为废钢返回炼钢自循环
六	其他废物	61337	61337	
	1. 废耐火料	19067	19067	由耐材承包公司回收利用
	2. 硫铵	2270	2270	外售化肥厂利用
	3. 脱硫渣（石膏）	40000	40000	送矿渣水泥粉磨站做水泥原料
七	危险废物	1787	1787	
	1. 废油	987	987	送往有资质单位处置
	2. 煤焦油	800	800	送往有资质单位处置
八	合计	6789867	6784867	

资料来源：日照钢铁控股集团有限公司《清洁生产审核报告》，2011年11月，第121页。

（四）日钢协同效应评价及其政策含义

总体来看，日钢通过循环经济的发展模式，积极实施节能减排措施，以循环经济技术和其他先进技术为支撑，通过资源的循环利用、固体废弃物的综合利用和二次能源的回收利用等措施，极大地改善了与环境的关系、与社会的关系，协同效应比较明显。但我们还应该看到，具体到某个方面或则各个循环经济项目，效果还是参差不齐。以下结合几个典型循环经济项目的具体分析和评价，探讨其蕴含的政策启示，供有关部门参考。

1. 煤气回收利用促进节能减排和能源利用效率提高，但环境效应远大于经济效应

煤气是包括日钢在内的钢铁企业回收二次能源的重要内容。煤气包括高炉煤气、转炉煤气（日钢没有炼焦，故没有焦炉煤气），其可用的主要成分是一氧化碳，因此煤气既可以发电也可以作为原材料用于生产。日钢回收利用煤气既可以减少生产用煤和电力能源消耗，提高能源利用效率，促进节约能源，还可以减少向大气中排放的废气及相应的 SO_2、NO_x 和粉尘，减少温室气体排放水平。从前者的角度来看，循环经济主要体现为企业的经济效应。从后者的角度来看，循环经济主要体现为环境效应。

具体从经济效应来看，2010 年，日钢回收煤气直接作为燃料用于生产和发电（包括余热发电）的价值合计占日钢所耗能源的 13%，节约能源的价值是 147487 万元。其中煤气回收利用的总经济效益合计高达 99085 万元，占日钢循环经济效益的 66.7%，是循环经济效益的主体，也是企业盈利的重要来源，表明钢铁企业发展循环经济具有强大的市场效益。

虽然国家目前对一氧化碳没有采取强制措施，但是其对环境是有害的。2012 年 2 月 29 日环保部颁布的《环境空气质量标准》（GB3095-2012，2016 年实施）将一氧化碳列为环境空气污染物项目，并规定了一氧化碳的浓度值。回收煤气发电不仅会节约能源，而且环境效应更大。因为一氧化碳排放到大气中，最终会缓慢地转化为二氧化碳温室气体，引起地球气候的异常变化。从企业的角度来看，经济效应是内部性的，环境效应是外部性的。从

政策的角度看，政府应该采取进一步的支持政策，促进外部效益的内部化，提高企业利用废气的积极性。

2. 二氧化硫、氮氧化物等主要污染物减排经济效应为负，但环境效应显著

因中国的煤炭含硫较高，在煤的燃烧过程中会排放大量二氧化硫，钢铁高温生产过程产生大量氮氧化物，这两种物质的减排是中国减排的主要目标之一。尽管对它们进行脱除回收可以成为制造化肥或建材的原料，但二氧化硫和氮氧化物减排的经济效益仍然是负数，也就是说二氧化硫回收减排的投入大于产出，给企业带来经济损失，在经济上是得不偿失的。

但二氧化硫减排对环境极其有益，实际环境效应远远大于经济效应，因二氧化硫和氮氧化物排放引起的环境损失绝大部分由社会和环境承担。如果没有国家的强制措施，任何一个企业不会主动对二氧化硫和氮氧化物进行减排。因为有国家清洁生产和污染物减排的强制措施，企业不得不采取相关的措施减排二氧化硫和氮氧化物，为了激励企业进一步减排和废弃物的资源化，国家应采取一些政策和措施鼓励此项行为，例如低息贷款、税收优惠等。同时大力发展脱硫脱硝技术，降低脱硫脱硝成本。

3. 污水处理和中水利用的综合效益突出，资源价格对经济效益影响大

钢铁企业实施污水处理，开展中水利用，既可以直接节约生产成本，也可以减少污水排放，降低排污费用，还可以通过减少新水的利用量，提高了水资源的利用效率。2010年，日钢利用中水474.79万立方米，是所用新水的18.53%。从表7-8可以看出，日钢发展水资源循环经济协同取得的经济效应、环境效应和社会

效应都是正的，且基本平衡。

另外，根据日钢的《清洁生产审核报告》，其污水处理厂完全有能力处理市政污水后加以利用，减少新水的用量，但由于市政设施及其他原因，未能充分利用市政污水。事实上，随着我国城市化的快速发展，城市型钢厂应运而生。由钢铁企业协同处理城市污水，并回用中水已成为一种趋势。地方政府完全可以采取有利于企业和地方可持续发展的循环经济政策，使城市污水成为钢铁企业的水资源。

中国是缺水大国，提高水资源的利用效率尤其重要。水资源的利用效率与企业所在区域水资源的价格有巨大关系。水资源丰富的地区水价较低，企业提高水资源利用效率的积极性不高；水资源贫乏的地区水价较高，企业有提高水资源利用效率的动力和压力，水的循环利用经济效率就会较高。2010年，日钢消耗水资源的价值占原材料和能源价值的0.15%，日钢处于胶东半岛，水资源丰富，水价只有1.32元/立方米，而北京的工业用水价格是6.21元/立方米，如果按照北京水价计算，则日钢消耗水的价值占原材料和能源价值和的比例是0.68%，仅因为水价的提高就提高了0.53%，材料成本也提高了0.54%。资源价格的变动对企业的经济效益影响比较大。

从政策的角度看，一方面应加大对污水排放的规制，促进企业减少污水排放，实现从源头减量化；另一方面应采用激励机制，引导、鼓励和促进企业提升水资源利用率，开展中水利用，减少新水使用。显然，水资源价格是可供选择的一个重要政策工具。

4. 固体废弃物回收和综合利用的经济效应和环境效应最为显著

钢铁企业发展固体废弃物回收和综合利用，不仅可以节约成本，降低能源和资源消耗，还能提高钢铁生产的经济效益，提升企业竞争力。最为典型的是回收利用氧化铁皮和含铁废金属料等，包括除尘灰和尘泥的回收利用，不仅充分利用资源，减少铁矿石的开采，为企业节约成本，还减少了固体废弃物的排放，降低了固体废弃物的处置成本，为企业节约了污染物处置费用。通过对钢渣的处理，含钢部分成为炼钢原料，尾渣成为生产水泥的原料，提高了钢渣的附加价值，提高了企业的效益。对于其他一些固体废弃物，如水渣等，日钢通过将炼铁过程中产生的水渣处理成超细矿渣微粉，生产国家鼓励发展的新型建筑材料——水泥，不仅延长了产业链，提高了水渣的附加价值，还有助于提高企业的经济效益。从日钢循环经济的物质流和价值流协同效应可以看出，固体废弃物回收和综合利用的经济效应和环境效应在所有项目中是最显著的。

从政策的角度看，由于固体废弃物回收和综合利用同时兼具显著的经济效应和环境效应，政策应着眼于建立一套机制，保障固体废弃物回收和综合利用事业的稳定运行。例如，放松产业准入限制，允许钢铁企业发展跨产业链项目；鼓励企业间以钢铁企业为中心，建立以物质流和价值流为纽带、经济利益共享的循环经济联合体等。同时，政策应着眼于促进企业提升综合利用水平，不断提高废弃物利用价值，实现社会效应最大化。

第八章 结论和展望

本书在循环经济理论的基础上,结合物质流和价值流分析方法,借助投入产出分析模型,运用协同理论来分析循环经济实施的协同效应。在理论上,提出了循环经济的协同效应,并做了实证研究,为企业实施循环经济提供了依据。通过研究,本书得出以下结论以及未来研究的展望。

一、研究结论

(一) 对循环经济的研究应该从不同的角度,进行多元化的研究

目前对循环经济的研究大多从生态角度,关注循环经济的实施对生态效率的影响,研究循环经济的生态效率。循环经济作为一种新的发展方式,在注重生态效率的同时,同时应注重经济效益。因为循环经济的执行单位是企业,企业有盈利才会存在,过分注重宣传和研究循环经济的生态效率,忽视循环经济效益的研究,会使企业对循环经济产生恐惧心理,从而难以自觉采取循环经济措施,自觉执行循环经济发展方式。因此,应全面系统看待

循环经济，多方位、多角度地研究循环经济，不仅研究循环经济的生态效益，还要研究其经济效益和社会效益；不仅研究循环经济发展的结果，还要研究循环经济发展的过程，研究循环经济的实施对企业的影响。

本书从协同论的角度研究循环经济的发展，提出了循环经济协同效应理论，并从物质流和价值流两个角度研究分析协同效应，提出协同效应的计算方法和步骤。开辟了一个研究循环经济的新视野，提出了一个研究的新角度。

（二）从协同的观点更有利于评价循环经济的效果

目前对循环经济实施效果的评价一般是设立一套指标体系，用层次分析法或模糊评价法等进行评价，这样不免有失偏颇。因为指标的设计毕竟有限，不能全面反映实际情况，且只反映最后的结果，无法看到实物的发展过程。从协同的角度评价系统的运行情况，更能全面地反映系统的运行结果。经济系统与环境系统是密不可分的，循环经济的实施更是促进了二者的关系并向和谐的方向发展。用协同论的理论分析循环经济的运行更能全面反映实际情况。从协同的角度看待实物，不仅看到实物发展的结果，还能看到实物的发展过程。

循环经济作为一种新的发展方式，不仅经济上可行，更要考虑环境效益。物质流分析作为分析循环经济的有效手段，可全面反映物质的流动情况，与投入产出表结合，有利于评价企业循环经济的物质流效应和价值流效应，评价企业实施循环经济的经济效应、环境效应和社会效应。

（三）企业投入表和产出表的编制有利于分析企业的循环资源利用情况

企业投入表和产出表的编制，在数据处理方面比物质流和价值流分析更为全面，更能准确方便地揭示企业以及各个部门的资源循环利用情况，循环经济实施状况、实施效果，便于找到问题的症结和解决问题的契机，提高企业整体的实施效果。

（四）相关政策是影响企业循环经济协同效应的重要因素

尽管案例企业实施循环经济已有多年的历史，循环经济也有了显著成效，从计算结果看，实施的经济效应、环境效应和社会效应较好。但是对于重点污染项目，比如二氧化硫的减排，经济投入显著大于经济产出。

经济效果不显著，或者说没什么利益可图，企业不会有实施循环经济的动力，为了促进企业实施循环经济，在一些资源循环利用项目上，国家应在政策上加以倾斜，采取经济手段、财税政策等鼓励企业实施循环经济。对环境危害大的污染物的减排，国家应采取措施，除了在法律法规中明文规定外，采取税收政策、财政政策等，还应加以市场手段，法律调控与市场手段相结合，促进污染物的减排，引导促进企业实施循环经济发展策略。

（五）资源定价是决定企业循环经济协同效应的关键因素之一

毋庸置疑，循环经济的效果受企业的管理水平、技术水平、薪酬等影响，国家、地区的政策也是重要的影响因素，资源价格却是影响企业是否采取循环经济发展战略的关键因素之一。

一项策略的实施是否可行,企业要看是否有经济收益,即产出是否大于投入。企业消耗资源产出产品,资源的价格是决定企业收益的关键因素,资源价格较高,必然促使企业采取一切措施节约资源,采取循环经济发展战略,以便降低成本,提高企业经济效益,同时也降低了污染物产出,环境效益也会提高。

因此,资源价格的合理制定,尤其是稀缺资源的价格,可以促使企业采取循环经济发展战略,使循环经济的协同效应取得更好的效果。

(六) 大力推进循环经济协同效应的研究和应用

循环经济的协同效应能有效地测算循环经济的实施效果,反映企业的活动对环境和社会的影响。加强循环经济的协同效应研究和促进其应用,可以引导更多的企业采取循环经济发展措施,能有效地缓解中国环境资源的压力,促使中国早日成为循环型社会。

二、展望

第一,循环经济协同效应理论是第一次提出,在理论上还有待改进和完善。循环经济协同效应的核算方法也是第一次提出,核算方法和步骤有待改进和加强。这些都是下一步研究的重点。

第二,应加强对企业物质流和价值流的核算,尤其是价值流的核算,关系到企业的经济效益问题,准确地核算能反映企业实施循环经济的经济效益,评价循环经济实施的经济效果,为循环经济的实施提供强有力的依据和政策建议。

第三,应该加强对环境成本的研究,尤其是采取循环经济发展模式的企业，在循环经济发展的不同阶段，其环境成本与传统企业的环境成本区别甚大，在界定中应注意加以区分，以能准确核算企业的效益，这都是需要进一步深入研究的课题。

第四，本书是微观层面的循环经济协同效应研究，在此基础上逐步研究行业、宏观层面的协同效应。

第五，循环经济企业的投入产出表应加强研究，进而建立宏观层面的循环经济投入产出表，建立宏观层面的循环经济模式下的投入产出模型，加强循环经济的技术经济研究。

第六，随着互联网、物联网技术的发展，企业之间的合作将更加密切，企业之间的物质流将更加频繁，循环经济的协同效应对于经济和社会发展的意义将更加明显。

本书在利用企业数据做实证分析时，因为只有一年的数据，不能充分利用书中所提出的核算物质流效应和价值流效应的计算方法和步骤，检验方法和步骤的可行性。希望在将来的研究中能加以弥补，纠正核算方法和步骤的不足和缺点。

在计算环境成本时，因为数据的缘故和条件所限，未计算污染排放对环境造成的损失，只计算了因排放所缴纳的排污费，在将来的研究中应综合分析和选用环境经济学的方法估算环境损失，更为准确地确认循环经济成本与效益，更为准确地反映循环经济的协同效应，更客观准确地评价循环经济的效果。

参考文献

一、中文文献：

［奥地利］陶在朴：《生态包袱与生态足迹——可持续发展的重量及面积观念》，经济科学出版社2003年版。

［德］H.哈肯：《协同学引论：物理学、化学和生物学中的非平衡相变和自组织》，徐锡申等译，原子能出版社1984年版。

［德］H.哈肯：《高等协同学》，郭治安译，科学技术出版社1989年版。

［德］H.哈肯：《协同学：大自然构成的奥秘》，凌复华译，上海译文出版社1995年版。

［美］艾默里·洛文斯：《自然资本论导读（上、中、下）》，王乃粒译，《世界科学》，2000年第8、第9、第10期。

［美］马克·L.赛罗沃（Mark L.Sirower）：《协同效应的陷阱——公司在购并中如何避免功亏一篑》，杨炯译，上海远东出版社2000年版。

［美］赫尔曼·E.戴利：《超越增长：可持续发展的经济学》，诸大建、胡圣等译，上海译文出版社2001年版。

［美］莱斯特·R.布朗：《生态经济》，东方出版社2002年版。

[美] 蒂坦伯格:《环境与自然资源经济学 (第6版)》,清华大学出版社2005年版。

[日] 宫本宪一:《环境经济学》,朴玉译,三联书店2004年版。

[英] 安德鲁·坎贝尔 (Andrew Campbell)、凯瑟琳·萨姆斯·卢克斯 (Kathleen Sommers Luchs):《战略协同》,任通海等译,机械工业出版社2000年版。

白列湖:《协同论与管理协同理论》,《甘肃社会科学》,2007年第5期。

毕艳霞:《企业环境成本核算体系研究》,天津财经大学硕士学位论文,2006年。

卜庆才:《物质流分析及其在钢铁工业中的应用》,东北大学博士学位论文,2005年版。

蔡九菊等:《钢铁企业物质流与能量流及其相互关系》,《东北大学学报 (自然科学版)》,2006年第27卷第9期。

蔡九菊:《中国钢铁工业能源资源节约技术及其发展趋势》,《世界钢铁》,2009年第4期。

曹光辉等:《我国经济增长与环境污染关系研究》,《中国人口·资源与环境》,2006年第16卷第1期。

陈亮:《论环境成本概念》,《财会月刊》,2008年第6期。

陈亮:《环境成本计量方法综述》,《财会通讯》,2009年第6期。

陈文晖、马胜杰、姚晓艳:《中国循环经济综合评价研究》,中国经济出版社2009年版。

陈锡康、杨翠红等:《投入产出技术》,科学技术出版社,2011年版。

陈喜红：《环境经济学》，化学工业出版社 2006 年版。

陈晓红等：《企业循环经济评价体系——以某大型冶炼企业为例》，《科研管理》，2012 年第 1 期。

陈效逑、乔立佳：《中国经济——环境系统的物质流分析》，《自然资源学报》，2000 年第 15 卷第 1 期。

陈效逑、赵婷婷、郭玉泉等：《中国经济系统的物质输入与输出分析》，《北京大学学报（自然科学版）》，2003 年第 39 卷第 4 期。

戴铁军、陆钟武：《钢铁企业生态效率分析》，《东北大学学报（自然科学版）》，2005 年第 26 卷第 12 期。

单永娟：《经济系统物质流投入产出表的编制研究》，《边疆经济与文化》，2007 年第 6 期。

单永娟：《物质流分析方法研究与应用综述》，《产业与科技论坛》，2007 年第 6 卷第 3 期。

丁圆圆：《我国上市公司并购绩效的协同效应研究》，江西财经大学硕士学位论文，2009 年。

董会忠、薛惠锋、韩建新、宋红丽：《钢铁行业能源综合利用的工业生态学分析》，《冶金能源》，2008 年第 27 卷第 2 期。

杜涛、蔡九菊：《钢铁企业物质流、能量流和污染物流研究》，《钢铁》，2006 年第 41 卷第 4 期。

段宁：《循环经济的自然科学基础理论》，《科技日报》，2005 年 4 月 25 日。

范连颖：《中国发展循环经济可借鉴的日本经验》，《贵州社会科学》，2004 年第 5 期。

范连颖：《日本循环经济的发展与理论思考》，中国社会科学出版社 2008 年版。

范依依：《国外环境会计研究文献综述》，《时代金融》，2009年7月，总第396期。

冯之浚：《循环经济导论》，人民出版社2004年版。

冯之浚、郭强、张伟：《循环经济干部读本》，中共党史出版社2005年版。

冯之浚：《循环经济的范式研究》，《中国软科学》，2006年第8期，第9~11页。

高昂：《循环经济物质流特征与流动规律研究》，西北大学博士学位论文，2010年。

龚飞鸿、沈利生：《计算机辅助编制投入产出表方法的实践》，《数量技术经济研究（内部资料）》，1983年第1期。

过孝民、张慧勤：《公元2000年中国环境预测与对策研究》，清华大学出版社1990年版。

国家统计局投入产出办公室：《1987年全国投入产出调查培训教材》，中国统计出版社1988年版。

黄海峰等：《德国发展循环经济的经验及其对我国的启示》，《北京工业大学学报》，2005年第2期。

黄晓芬等：《上海市经济——环境系统的物质输入分析》，《中国人口·资源与环境》，2007年第17卷第3期。

黄种杰：《可持续发展的环境成本与管理理念》，《黎明职业大学学报》，2009年第1期。

嵇囡囡等：《循环经济与钢铁行业的可持续发展》，《冶金能源》，2006年第25卷第2期。

贾华强：《循环经济学概论》，中共中央党校出版社2008年4月第1版。

参考文献

解振华：《关于循环经济理论与政策的几点思考》，《环境保护》，2004年第1期。

金涌：《循环经济的工程科学基础》，载《中国循环经济高端论坛》，人民出版社2005年版。

金涌、冯之浚、陈定江：《循环经济：理念与创新》，《再生资源与循环经济》，2010年第3卷第7期。

金再华、高利芳：《面向循环经济的企业环境成本研究》，《环境保护》，2005年第6期。

靳景玉、刘朝明：《基于协同理论的城市联盟动力机制》，《系统工程》，2006年第10期。

鞠雷、李宇兵：《基于循环经济理论的我国县域经济协同发展研究》，《山东大学报（哲学社会科学版）》，2009年第4期。

孔鹏志、杨忠直：《中国经济系统的物质循环结构分析》，《软科学》，2011年第25卷第1期。

李秉全：《投入产出技术与企业管理现代化》，科学技术出版社1988年版。

李丁等：《基于物质流核算的数据包络分析》，《资源科学》，2007年第29卷第6期页。

李富田：《一种新的经济模式：循环经济的理论研究与应用实践》，《西南科技大学学报（哲学社会科学版）》，2005年第22卷第3期。

李刚、张彦伟、孙丰云：《中国环境经济系统的物质需求量研究》，《中国软科学》，2005年第11期。

李虹、刘晓平：《企业环境成本核算研究》，《财经问题研究》，2008年第9期。

李小桦、李汉平：《环境经济系统物质流可持续性与循环经济物质流特征分析》，《资源科学》，2008年第30卷第9期。

解振华：《循环经济知识读本》，中国环境科学出版社2005年版。

韩伯棠等：《企业资源协同战略与可持续发展案例研究》，《中国人口资源与环境》，2004年第3期。

李新创：《加快发展循环经济，实现钢铁可持续发展》，《冶金经济与管理》，2005年第3期。

李湘州：《协同学的产生与现状》，《基础科学》，1997年第4期。

李晓君：《基于物质流方法对山东省循环经济发展的研究》，青岛大学硕士学位论文，2008年。

李兆前、齐建国：《循环经济理论与实践综述》，《数量经济与技术经济》，2004年第9期。

林万祥、肖序：《企业环境成本研究的国际比较》，《四川会计》，2002年第8期。

刘滨等：《试论以物质流分析方法为基础建立我国循环经济指标体系》，《中国人口·资源与环境》，2005年第15卷第4期，第32~36页。

刘传江、侯伟丽：《环境经济学》，武汉大学出版社2006年版。

刘淑红：《企业实行环境成本内部化的必要性及对策》，《甘肃高师学报》，2007年第12卷第2期。

刘雪飞：《循环经济学》，中国大地出版社2009年第1版。

龙妍：《基于物质流、能量流与信息流协同的大系统研究》，华中科技大学博士学位论文，2009年。

陆钟武、岳强：《物质流分析的两种方法及应用》，《理论探讨》，2006年第2期。

陆钟武：《企业发展循环经济需注意的几个问题》，《中国石化》，2005年第8期。

路文杰、马翠香：《钢铁工业生态化评价分析研究》，《经济问题探索》，2007年第8期。

罗云桂：《环境成本内部化探析》，《价格月刊》，2007年第9期。

毛建素、陆钟武：《物质循环流动与价值循环流动》，《材料与冶金学报》，2003年6月第2卷第2期。

梅多斯等：《超越极限：正视全球性崩溃，展望可持续的未来》，上海译文出版社2001年版。

米莎：《环境成本确认、计量的研究与应用》，内蒙古大学硕士学位论文，2006年。

牛桂敏：《循环经济评价体系的构建》，《城市环境与城市生态》，2005年第18期。

裴辉儒：《资源化境价值评估与核算问题研究》，中国社会科学出版社2009年版。

彭澎、蔡莉：《基于协同学理论的高技术产业集群生成主要影响因素研究》，《山东大学学报（哲学社会科学版）》，2007年第1期。

彭贤则、徐彬：《基于循环经济理念的企业环境成本控制的内生化》，《会计之友》，2010年第5期。

齐建国：《在循环经济轨道上破解资源约束》，《中国社会科学院院报》，2005年11月29日。

齐建国、尤完、杨涛：《现代循环经济与运行机制》，新华出版社2006年版。

齐建国：《我国循环经济的理论与实践综述》，《人民日报》，2006年6月9日。

齐建国等：《从3R到5R：现代循环经济基本原则的重构》，《数量经济技术经济研究》，2008年第1期。

齐建国：《中国循环经济发展报告（2009~2010）》，社会科学文献出版社2010年版。

邱寿丰：《循环经济规划的生态效率方法及应用——以上海为例》，同济大学博士学位论文，2007年。

曲格平：《循环经济与环境保护》，《光明日报》，2000年11月20日。

任爱华：《循环经济发展战略下企业的成本收益分析》，华中师范大学硕士学位论文，2006年。

任勇、陈燕平：《发展循环经济战略与政策的思考》，《环境经济》，2004年第5期。

任勇、吴玉萍：《中国循环经济内涵及有关理论问题探讨》，《中国人口·资源与环境》，2005年第15卷第4期。

任勇：《我国循环经济的发展模式》，《中国人口资源与环境》，2005年第15卷第5期。

沈镭、刘晓洁：《资源流研究的理论与方法探析》，《资源科学》，2006年第28卷第3期。

沈威、尹贻林等：《基于物质流分析的公共工程项目评价》，《天津理工大学学报》，2006年第22卷第1期。

孙育红：《西方循环经济思想述评》，《当代经济研究》，2010年第7期。

孙玲：《协同学理论方法及应用研究》，哈尔滨工程大学硕士学位论文，2009年。

唐海丹：《将协同学原理应用于物流领域的理论与实践初探》，《物流技术》，2003年第3期。

唐志：《环境成本内部化实现途径探讨》，《改革与战略》，2010年第2期。

佟仁城、刘轶芳、许健：《循环经济的投入产出分析》，《数量经济与技术经济研究》，2008年第1期。

汪炎汝：《企业环境成本计量的投入产出模型》，《上海经济研究》，2008年第1期。

王迪、温宗国：《企业环境成本核算的理论与方法学研究》，《环境保护》，2008年第4期。

王贵友：《从混沌到有序——协同学简介》，湖北人民出版社1987年第1版。

王杰：《循环经济型企业环境成本核算探析》，《财会研究》，2004年第4期。

王军等：《物质流分析方法的理论及其应用研究》，《中国人口·资源与环境》，2006年第16卷第4期。

王奇、叶文虎：《人与环境系统的物质流模型研究》，《前沿论坛》，2002年第11期。

王如松：《循环经济建设的产业生态学方法》，《产业与环境》，2003年增刊。

王如松：《循环经济建设的生态误区、整合途径和潜势产业辨析》，《生态学报》，2005年第16卷第12期。

王奇、王会：《循环经济的定量化评价方法研究》，《中国人口·资源与环境》，2007年第1期。

陶在朴：《生态包袱与生态足迹》，经济科学出版社 2003 年版。

沈万斌：《物质流分析模型的应用研究》，《东北师大学报（自然科学版）》，2009 年第 41 卷第 1 期。

王晓燕：《循环经济下企业环境成本控制及评价指标的探讨》，《企业活力》，2009 年第 3 期。

王茂祯、冯之浚：《循环经济创新评价指标体系研究》，《中国人口·资源与环境》，2012 年第 4 期。

吴传蓉：《基于 MFA 的循环经济评价及实证研究》，河海大学硕士学位论文，2008 年。

吴大进、曹力、陈立华：《协同学原理和应用》，华中科技大学出版社 1990 年第 1 版。

吴季松：《循环经济——全面建设小康社会的必由之路》，北京人民出版社 2003 年版。

吴季松：《新循环经济》，清华大学出版社 2005 年版。

吴季松：《循环经济理念的最新规范与应用》，《环境经济杂志》，2005 年第 6 期。

吴开亚：《物质流核算分析的方法与应用研究》，厦门大学博士后学位论文，2007 年。

向秋华、向媛秀：《北部湾经济区循环经济评价指标体系研究》，《生产力研究》，2010 年第 7 期。

辛阳、周晓梅：《我国农业循环经济发展效益评价》，《南方农业学报》，2013 年第 7 期。

肖玲诺、杨美荣：《循环经济型城市评价指标体系及其实证研究》，《求是学刊》，2012 年第 3 期。

肖序、万美霞：《企业清洁生产的环境成本管理》，《四川会计》，2003 年第 3 期。

肖序、湛晔林：《以价值流分析为基础建立企业循环经济评价指标体系》，《科技情报开发与经济》，2007 年第 17 卷第 35 期。

肖序、金友良：《论资源价值流会计的构建》，《财经研究》，2008 年第 34 卷第 10 期。

肖序、周志方、李晓青：《论环境成本的创新——基于内部资源流成本与外部损害成本的融合研究》，《上海立信会计学院学报》，2008 年第 5 期。

肖序、熊菲：《循环经济价值流分析的理论和方法体系》，《系统工程》，2010 年第 28 卷第 12 期。

谢志明、易玄：《循环经济价值流研究综述》，《山东社会科学（哲学社会科学版）》，2008 年第 9 期。

徐大立等：《基于循环经济的钢铁企业发展模式研究》，《中国冶金》，2006 年第 16 卷第 10 期。

许涤新：《生态经济学》，浙江人民出版社 1987 年第 1 版。

徐杰：《企业并购协同效应的理论与评估》，武汉理工大学硕士学位论文，2003 年。

徐明、贾小平等：《辽宁省经济系统物质代谢的核算及分析》，《资源科学》，2006 年第 28 卷第 5 期。

徐明、张天柱：《中国经济系统的物质投入分析》，《中国环境科学》，2005 年第 25 卷第 3 期。

徐嵩龄：《循环经济的理论平台和实验平台》，《光明日报》B1 版，2004 年 1 月 6 日。

许乃中等：《工业园区循环经济绩效评价方法研究》，《中国人口·资源与环境》，2010 年第 20 卷第 3 期。

薛楠、刘舜、陈素敏:《循环经济条件细的铁合页静脉产业发展模式研究——以河北省为例》,《生产力研究》,2009 年第 12 期。

杨杰:《德国循环经济起源和现状》,《北方环境》,2010 年第 22 卷第 3 期。

杨雪峰等:《循环经济学》,首都经济贸易大学出版社 2009 年版。

姚星期:《基于物质流核算的浙江生循环经济核算》,北京林业大学博士学位论文,2009 年。

杨杰:《德国循环经济起源和现状》,《北方环境》,2010 年第 22 卷第 3 期。

叶兆木:《环境损失与环境成本评估研究进展、问题及展望》,《四川环境》,2007 年第 26 卷第 1 期。

殷瑞钰、张春霞:《钢铁企业功能拓展是实现循环经济的有效途径》,《钢铁》,2005 年第 40 卷第 7 期。

殷瑞钰:《节能、清洁生产、绿色制造与钢铁工业的可持续发展》,《钢铁》,2002 年第 37 卷第 8 期。

于峰、齐建国:《开放经济下环境污染的分解分析》,《统计研究》,2007 年第 24 卷第 1 期。

元炯亮:《生态工业园区评价指标体系研究》,《环境保护》,2003 年第 3 期。

臧漫丹:《城市循环经济的治理理论与应用研究》,同济大学博士学位论文,2006 年。

张波:《中小企业协同创新模式研究》,《科技管理研究》,2010 年第 2 期。

张音波等:《广东省环境经济系统的物质流分析》,《环境科学学报》，2008年第28卷第5期。

章波、黄贤金：《循环经济发展指标体系研究及实证评价》，《中国人口·资源与环境》，2005年第3期。

郑易生、阎林、钱薏红：《20世纪90年代中期中国环境污染经济损失估算》，《管理世界》，1999年第2期。

周兵、黄志亮：《论国外循环经济理论及实践》，《经济纵横》，2006年第4期。

周国梅、冯东方、任勇：《循环经济的核心调控手段是物质流分析与管理》，《中国环境报》，2004年11月30日。

周宏春、刘燕华等：《循环经济学》，中国发展出版社2008年第2版。

周志方、肖序：《流程制造型企业的资源价值流转模型构建研究》，《中国地质大学学报》，2009年第9卷第5期。

易丰等：《基于协同理论的泛漓江旅游区发展战略探析》，《乐山师范学院学报》，2008年第12期。

朱晓等：《人口、资源、环境与经济协同发展研究》，东北财经大学出版社2010年版。

诸大建：《可持续发展呼唤循环经济》，《科技导报》，1998年第9期。

诸大建、臧满丹、朱远：《C模式：中国发展循环经济的战略选择》，《中国人口·资源与环境》，2005年第15卷第6期。

诸大建、朱远：《循环经济：三个方面的深化研究》，《社会科学》，2006年第4期。

诸大建、邱寿丰：《生态效率是循环经济的合适测度》，《中国人口·资源与环境》，2006年第16卷第5期。

诸大建：《探索循环经济的经济学理论及其政策意义——基于生态经济学的视角》，《中国发展》，2008年第8卷第1期。

诸大建、朱远：《循环经济与自然资本稀缺条件下的中国发展》，《毛泽东邓小平理论研究》，2008年第4期。

二、英文文献

Andy Garner, Gregory A. Keoleian: "Industrial Ecology: An Introduction", Pollution Prevention and Industrial Ecology, November1995.

B. Tjahjadi, D. Schafer, W. Radermacher, H. Hoh "Material and Energy Flow Accounting in Germany-Data Base for Applying the National Accounting Matrix Including Environmental Accounts Concept", Structural Change and Economic Dynamics, 1999 (10).

Chen Xiaoqiu, Lijia Qiao: "A Preliminary Material Input Analysis of China", Population and Environment, Vol. 23, No. 1, Sep., 2001.

Fischer-Kowalski M., Walter Huttle: "Society's Metabolism, The Intellectual History of Material Flow Analysis, Part II, 1970-1998". Journal of Industrial Ecology, 1999, 2 (4).

Frosch Robert: Industrial Ecology: "A Philosophical Introduction", Proceedings, National Academy of Sciences 89, February1992.

Helga Weisz, Christof Amann, et al.: "The Physical Economy of the European Union: Cross-country Comparison and Determinants of Material Consumption", Ecological Economics, 2006 (58).

Jing Dal, Bin Chen: "Materials Flows Analysis of Fossil Fuels in China during 2000-2007", Procedia Environmental Sciences 2010 (2).

John Ehrenfeld, Nicholas Gertter: "Industrial Ecology in Practice: The Evolution of Interdependence at Kalundborg", Journal of industrial ecology Vol.1, Issue 1, Winter 1997.

Junzo Tachibanaa, Keiko Hirota, Naohiro Goto, Koichi Fujie: "A Method for Regional-scale Material Flow and Decoupling Analysis: A Demonstration Case Study of Aichi Prefecture, Japan", Resources, Conservation and Recycling, 2008 (52).

Koji Takase: "Waste IO (WIO) Table for Japan 1995", http://www.f.waseda.jp/nakashin/wio_j.htm, 2002.

Lowe Ernest: "Industrial Ecology: An Organizing Frame Work for Environmental Management", Total Quality Environmental Management, Autumn1993.

Marco A. Janssen et al.: "Changing Industrial Metabolism: Methods for Analysis" [J], Population and Environment, Vol. 23, No. 2, Nov. 2001.

Maria J. Masanet-Llodra: "Environmental Management Accounting: A Case Study Research on Innovative Strategy", Journal of Business Ethics, Vol. 68, No. 4, Nov., 2006.

Nakamura, S., Y. Kondo: "Input Output Analysis of Waste Management," Journal of Industrial Ecology, Vol. 6, No.1, 2002.

Nakamura S.: "Waste input-output (WIO) table for Japan 2000", http://www.f.waseda.jp/nakashin/WIO.html, 2011.

Niels Schulz: "Socio-Economic Development and Society's Metabolism in Singapore", UNU-IAS Working Paper, No. 148, July 2006.

Reid Bailey, Bert Bras, Janet K. Allen: "Measuring Material Cycling in Industrial Systems", Resources, Conservation and Recycling, 2008 (52).

Robert U. Ayres, Kneese A. V.: "Production, Consumption and Externalities", American Economic Review, 1969, 59 (3).

Robert U. Ayres, Kneese A. V.: "Metals Recycling: Economic and Environmental Implications", Resources, Conservation and Recycling, 1997, (21).

Seiji Hashimoto, Yuichi Moriguchi: "Proposal of Six Indicators of Material Cycles for Describing Society's Metabolism: From the Viewpoint of Material Flow Analysis", Resources, Conservation and Recycling, 2004 (40).

Wassily Leontief: "Environmental Repercussions and the Economic Structure: An Input-output Approach", Review of Economics and Statistics, 1970, 52 (3).

Wassily Leontief: Input-output Economics. Oxford University Press, Oxford, 1986.

后　记

　　本书得到中国社会科学院哲学社会科学创新工程项目"科技战略与科技政策研究和评价"的资助。因本人水平有限，本书还有诸多不够完善之处，特别是还有许多问题有待进一步去探索和挖掘，因此未免有些遗憾。

　　本书虽然饱含着我的汗水和思想，但是我清楚地知道其实还凝聚着许多其他人的贡献和智慧。

　　感谢我的导师齐建国研究员，是他指导我进入循环经济——人类发展的新模式——的广阔天地。他的创新精神始终激励着我在遇到困难时想尽一切办法前进。齐老师宽广的胸怀、广博的知识、敏捷的思路、严谨的治学态度、不懈的进取精神使我获益匪浅。本书的完成无疑凝聚了齐老师的诸多心血。

　　我非常感谢龚飞鸿研究员对我在投入产出模型方面的悉心教导，对我建立投入产出模型帮助甚大。感谢刘满强老师在我工作和学习期间的帮助和照顾，感谢王宏伟研究员对本书提出的修改意见，还有我的同事陈平、蔡跃州、郑世林等老师，在工作和学习中给予我莫大的鼓励和帮助，在此一并致以深深的谢意。

　　在日照钢铁企业集团调研期间，得到相关工作人员的大力支持和帮助，使我对企业的循环经济实施有了一个深刻的认识，达到感性认识和理性认识的结合。赵世刚同志不厌其烦地在数据方面给予的帮助，使我免去了在数据处理方面的诸多困扰，在此一并深表谢意。

感谢我的家人对我的帮助和照顾。母亲坚强的性格和在困境中勇往直前的勇气，以及她那望子成龙、望女成凤的心情和付出的艰辛与代价，时刻鼓励我在学习和工作中不要停止前进的脚步，成为我克服困难的动力。看到儿子的笑脸和听到他对自己将来的发明充满憧憬的天真童言，使我深深地感受到学习的乐趣和生活的美好，对学习和生活的热爱也算是一种享受吧。

诚挚感谢经济管理出版社的张永美老师，她的辛勤工作和热情使得本书顺利出版。

最后，感谢所有帮助我的人，你们都是我的良师益友，是我生活工作中不可缺少的益友。同时也希望能通过我的努力，成为一个可以为更多的人提供帮助和更加有用的人。

刘建翠

2014 年冬